세상은
신화로
만들어졌다

THE GREEK MYTHS THAT SHAPE THE WAY WE THINK

Published by arrangement with Thames & Hudson Ltd, London,
The Greek Myths that Shape the Way We Think © 2022 Thames & Hudson Ltd, London
Text © 2022 Richard Buxton
This edition first published in Republic of Korea in 2024 by Gilbut Publishing Co., Ltd.
Korean edition © 2024 Gilbut Publishing Co., Ltd. Seoul

이 책의 한국어판 저작권은 대니홍 에이전시를 통한 저작권사와의 독점 계약으로
㈜도서출판 길벗에 있습니다. 저작권법에 의해 한국 내에서 보호를 받는 저작물이므로 무단전재와 복제를 금합니다.

오늘날까지 인류의 사고를 지배하는 강력한 8가지 테마

세상은 신화로 만들어졌다

리처드 벅스턴 지음
배다인 옮김

더 퀘스트

차례

프롤로그
마르지 않는 영감의 원천 ❋ 8

1
프로메테우스

인류 문명을 창조한 파괴적 존재 ❋ 18

전략가, 저항가 그리고 창조자
중세와 르네상스 시대, 감히 신에게 맞서다
근대의 프롤레타리아 영웅
힘과 저항을 대표한 20세기

2
메데이아

불안과 격정과 파멸의 악녀 ❋ 52

정착하지 못하는 역마살
삶을 개척하고 발전시키다
무대와 스크린에서 빛나는 이단아

THE GREEK MYTHS THAT SHAPE THE WAY WE THINK

3
다이달로스와 이카로스
비운의 재능과 무모한 열정의 파국 ※ 86

천재인 아버지와 추락하는 아들
(지나치게) 높이 날았던 자의 최후
금기된 것에 대한 도전과 용기

4
아마조네스
여성의 초월적 권력을 향한 이상 ※ 125

강한 여성에 대한 성적 욕망
독립적이고 자유로운 여성상의 투영
페미니스트에서 원더우먼까지

5
오이디푸스

복잡한 인간 심리의 표상 * 159

이보다 더 고통스러운 비극은 없다
고난의 상징 그러나 스스로 선택한 운명
프로이트가 촉발한 원초적 성욕의 상징

6
파리스의 심판

선택과 순위 매기기의 딜레마 * 195

트로이 전쟁을 이해하는 6가지 키워드
인생의 가치 중 무엇을 선택할 것인가
셋 중 하나를 고른다는 것
도널드 트럼프와 미인대회

THE GREEK MYTHS THAT SHAPE THE WAY WE THINK

7
헤라클레스의 과업

힘으로 해결할 수 있는 모든 것 ✽ 229

올림픽과 익스트림 스포츠
12가지 과업이라는 퀘스트
중세 시대, 모두가 헤라클레스를 꿈꾸다
최고의 힘을 가진 마초 전사

8
오르페우스와 에우리디케

이루어질 수 없는 사랑의 비애 ✽ 270

관능적이고 신비로운 세계에 대한 환상
거부할 수 없는 매력의 표본
에우리디케의 재발견

에필로그
신화는 과거와 미래의 끊임없는 소통이다 ✽ 302

프롤로그

마르지 않는
영감의 원천

그리스 신화의 이야기들은 약 3000년 전 에게해 지방에서 만들어지기 시작했다. 당시는 폴리스라고 알려진, 특징적인 도시 국가의 구조가 발달하던 시기였는데 작은 공동체에서 미미하게 전해져오던 이야기들은 이후 엄청나게 넓은 지역으로 퍼져나가게 된다.

  이 이야기들은 헬레니즘 왕국에 흡수되었고 헬레니즘 왕국이 로마 제국에 굴복되자 로마인들은 그리스 신화를 자신들의 목적에 부합하게 재구성하기 시작했다. 로마 제국 멸망 후 수 세기 동안, 이 이야기들은 유럽 문명의 흐름에 맞추어 각색되었고 유럽 문명이 팽창됨에 따라 더욱 멀리 퍼져나갔다. 이후 이 이야기들은 지역을 초월하여 전 세계적인 공감을 얻게 된다.

　오늘날 그리스 신화의 영향을 받지 않은 지식 논쟁이나 도덕적 딜레마 또는 정치적 위기를 떠올리기는 어렵다. 1970년대의 과학 가설인 가이아 이론은 지구를 상징하는 그리스 여신 가이아로부터 명칭을 따왔다. 2016년 영국 총리가 영국의 EU 탈퇴를 국민투표에 부쳐 결정하는 안을 떠올렸을 때, 많은 정치 평론가들은 세상에 재앙을 풀어놓은 무분별한 판도라와 비슷하다고 평했다. 여객선 타이타닉, 우주 프로그램 아폴론, 다국적 기업 아마존, 스포츠 브랜드 나이키, 에르메스 실크 스카프는 신화가 없었다면 브랜드명을 짓기 위해 다른 책을 뒤져야 했을 것이다. 비즈니스 프로젝트와 광고, 마케팅에 있어서 그리스 신화는 사람들이 가장 먼저 찾는 보물 상자다. 이에 더해 그리스 신화의 분명한 존재감은 연극과 시, 만화책, 게임을 포함하는 사실상 모든 예술 매체에서 발견할 수 있다.

　신화에 대한 반론이 없었던 것은 아니다. 다양한 시기에 다양한 이유로 신화는 거부당하기도 했다. 시인 필립 라킨은 '신화라는 평범한 길고양이'라고 폄하하기도 했는데 현실과 동떨어진 신화 속 이야기들을 비꼬아 표현한 이런 거부감은 신화의 비도덕성에 대한 반감이기도 했다. 1712년에 조지프 애디슨은 동시대 시인들이 제우스와 헤라에게 습관적으로 의존하는 태도를 조롱했으며 그로부터 10년 후 프랑스 철학자 베르나르 드퐁트넬은 신화를 '몽상과 황당무계함의 집합'이라고 정의 내리기도 했다. 최근에는 시대에 뒤떨어지고 자아도취에 빠진 유럽과 북미 지역 엘리트의 낡은 지식으로 낙인찍히고 있다.

이와 같은 비판에도 불구하고 신화의 영향력은 강력하다. 신화가 제기하는 질문의 폭과 깊이 덕분에 신화의 카멜레온과 같은 면모가 시대를 초월하여 적용되기 때문이다. 그리스 신화는 경제적 지위와 문화적 배경을 불문하고 모든 사람들에게 의미 있는 사고 실험이다.

그리스인 생활 속의 신화

신화는 고대 그리스 사회에 깊이 뿌리를 내리고 있었다. 집에서는 아이들에게 신화를 들려주었고 아이들은 학교에서 신화를 암송하곤 했다. 부엌에서 쓰이는 다양한 그릇에도 신화 속 장면들이 그려져 있었고 시인과 연설가, 철학자들은 예시를 들거나 중요한 과거 사건을 기록하기 위해서도 신화를 인용했다. 신화는 매우 심각할 수도 있었지만 한편으로는 아주 우습거나 심지어 역겹도록 외설스러울 수도 있었다. 신화가 다루지 않은 인간의 삶은 없었다.

특히 신화는 종교와 불가분의 관계였다. 신들을 기리기 위한 행사에서 신화의 서사시는 자주 낭송되었는데 아테네 디오니시아에서는 디오니소스를 위한 비극 작품들이 공연되었다. 신화 이야기꾼들이 떠들던 신들과 영웅들은 그리스 전역에 있던 성소에서 숭배의 대상이었다.

신화의 6가지 주요한 주제

무엇보다 신화는 가족에 관한 이야기다. 수많은 그리스 신화들은 보편적인 가족 제도와 연관되어 가족 내에서 발생할 수 있는 강렬한 감정들을 극화시키고 있다. 호메로스의 《일리아스》 속 트로이의 왕가를 결합시키는 정서적 결속력이 전쟁으로 지친 그리스인들에게 균형을 잡아주는 이상적인 삶을 제시한다.

신화는 부모와 자식 관계는 강력한 사랑의 힘을 발휘할 수 있다는 걸 보여주지만 반대로 부모와 자식 관계를 대립적으로 다룬 경우가 더 많았다. 부부 관계는 신화에서 흔히 극단적인 형태로 나타나는데 결혼 생활의 균열은 가장 자주 다루어지는 주제였다. 헬레네와 트로이의 왕자 파리스 사이의 불륜으로 인해 헬레네의 남편 메넬라오스는 트로이를 점령하기 위한 원정을 떠난다. 불륜 또한 신화에서 자주 언급되는 소재다. 제우스는 아내 헤라를 두고 엄청나게 바람을 피웠다. 이성 관계에 대한 심리는 신화에서 가장 복잡하고 강력한 주제다.

두 번째 신화의 주요한 주제는 이질적인 존재와의 만남이다. 흔히 나오는 패턴 중 하나는 특별한 인간으로 태어난 한 영웅이 괴물 같은 육체를 가지고 있거나 신기한 잡종인 적수를 맞닥뜨리는 것이다. 페르세우스와 메두사의 만남이 그 예가 되는데 이와 같은 위험을 극복할 수 있는 능력은 영웅의 한 표식이다.

세 번째 주제는 기원에 관한 것이다. 신화는 사물이 어떻게 발생했는지 설명함으로써 현재 모습을 설명한다. '사물이 어떻게 시작했는가'는 일종의 우주론의 시작으로, 신화에 따르면 모든 것은 태곳적 카오스(틈), 그다음에 나타난 가이아(땅)와 우라노스(하늘)에서 시작되었다.

지형도 종종 신화 속에서 설명된 기원을 갖는다. 로도스섬은 바다 아래에서 떠올랐는데 헬리오스가 자신이 가장 좋아하는 곳으로 낙점하여 그곳의 수호신이 되었다. 인류의 기원에 대해서도 신화는 설명한다. 대홍수 이후에 데우칼리온과 피라는 인류가 멸종한 세상에 남겨졌는데, 그들은 등 뒤로 돌을 던졌고 이 돌들이 사람으로 변했다. 인류는 진정한 땅의 후손들이다.

정치 역시 중요한 주제였다. 자신들의 적법성을 찾으려고 정치인들은 자주 신화 속에서 그 근거를 찾았다. 아우구스투스는 아폴론을 수호신으로 정하고 로마 팔라티노 언덕에 있는 자신의 집 바로 옆에 아폴론을 위한 신전을 지었다. 신들과 연결되는 핫라인을 정치적 권위의 안전장치로 본 행동이었다.

국가 역시 신화의 상징적인 힘에 의지했는데 보통 주화에 그 이미지를 활용했다. 로도스섬의 헬리오스, 코스섬의 아스클레피오스, 아테네의 아테나와 올빼미 등등 사례는 무궁무진하다. 전통에 의해 권위가 부여된 힘은 더 그럴듯해 보였으며 신화는 그러한 전통의 이상적인 출처였다.

그리스 신화에서 복잡하게 다뤄지는 주제로는 선택의 딜레마와 역설을 들 수 있다. 전형적인 예는 오레스테스의 이야기로, 오레스테스의 어머니 클리타임네스트라는 남편이자 오레스테스의 아버지인 아가멤논을 죽인다. 오레스테스는 아버지의 죽음에 대해 복수를 하지 말고 넘어가야 하는가, 아니면 어머니를 죽여야 하는가. 안티고네의 고뇌에 찬 딜레마도 이에 못지않다. 배신자인 오빠를 묻어주지 말아야 하는가, 아니면 매장을 금지하는 칙령을 거역하고 오빠를 매장해주어야 하는가.

신화에서 선택은 운명과 연관되어 있다. 신탁이 내린 예견이 자주 등장하는 이유다. 테이레시아스와 피네우스와 같은 예언가들은 정확하게 미래를 예견하지만 그렇다고 해서 인간들에게 선택의 자유가 없는 것인가? 신탁이 미래를 예견한 주인공들의 행동은 무의미한 것인가? 여기에 한 묶음의 수수께끼가 있고 그 복잡성은 아가멤논 이야기에 집약되어 있다. 여신이 아가멤논에게 트로이로 출항하기에 적합한 바람이 불기 위해서는 딸인 이피게네이아를 죽여야 한다고 하자 그는 신탁을 따른다. 딸을 죽이기로 한 것은 스스로 선택한 행동이지만, 이 행동은 신탁에 의한 것이므로 그에게는 선택의 여지가 없는 필연이기도 하다.

평범한 인간들은 더 이상 손쓸 수 없을 때 이르러서야 비로소 자신의 운명을 깨닫는다.

마지막으로 인간과 신들 사이의 관계는 수많은 신화의 중심축으로 책에서 다룰 마지막 주제다. 가끔 이들 관계는 성적으로 다뤄진다. 신들은 성적인 매력을 느낀 인간을 주로 납치함으로써 관계를 시작하는데, 현대의 시선으로는 불편할 수 있지만 그리스인들은 신이 인간을 손수 들고 이동했다는 점에서 인간을 예우했다고 강조하는 경향이 있었다. 그럼에도 인간과 신들 사이의 가까움보다 그 둘 사이의 큰 격차를 강조하는 경우가 더 많은 것이 사실이다. 대부분 인간이 신과의 경계를 넘어섰을 때 벌어지는 비극에 대해 이야기한다.

어쩌면 신과 인간의 관계에 있어서 가장 중요한 측면은 인간사에 대한 신들의 순수하고 강렬한 개입이다. 신들에게는 트로이의 전쟁에서 누가 이기고 지는가가 중요하고, 이아손과 아르고호의 선원들이 황금 양털을 찾아 떠난 원정에서 성공을 거두는 것이 중요하다. 신들은 그들의 선호와 기분에 따라 사건의 어느 쪽으로든 명확하게 개입한다. 인간에 대한 이러한 신들의 태도와 행동은 그리스 신화의 불가결하고 근본적인 부분이다.

신화의 각색은 앞으로도 계속된다

고대 이후로 중세와 르네상스를 거쳐 현대까지 신화가 사회, 문화적으로 사람들에게 어떻게 각색되고 영향력을 끼쳤는지 짚어보는 것이 이 책에서 주요하게 다룰 내용이다. 그 과정에서 다음의 세

가지 기준으로 이를 살펴볼 것이다.

첫째 다양성이다. 그리스·로마 시대 이후에 신화가 각색된 맥락의 범위는 놀라울 정도로 넓다. 주로 글로 남겨진 신화의 우화적인 해석에는 해석자의 기교가 많이 드러난다. 자연 현상이나 도덕적, 정치적인 예시로써 신화가 많이 활용되었는데 보카치오의《이교도 신들의 계통도》, 나탈레 콘티의《신화론》, 프랜시스 베이컨의《고대인들의 지혜》가 대표적인 예다. 20세기 들어 정신분석학자인 프로이트, 융과 후계자들이 유사한 전략을 차용하여 표면적 설명 아래 깊이 감춰져 있는 의미를 드러냈다. 이밖에도 셀 수 없이 많은 문학 작품에서 작가들은 서사시, 전원시, 소설, 비극, 희극을 써내려갔고 이를 서술한 기법과 기조에 따라 상징주의자, 표현주의자, 모더니스트, 포스트 모더니스트, 페미니스트라는 타이틀을 받기도 했다.

글이 아닌 물리적인 사물에서 표현된 신화는 또 다른 의미를 갖는다. 각종 함, 도자기, 정원 조각상, 직물 등 시각적이고 촉각적인 수단을 통해 표현한 신화 속 이미지는 르네상스 시대에 만연했다. 음악에서도 신화 해설은 중요한 위치를 갖는다. 클래식 음악, 대중음악, 오페라, 발레와 영화 등에서도 활발하게 차용되고 있으며 각종 게임과 애니메이션도 마찬가지다.

두 번째, 불균형의 기준이다. 한 시대와 장소에서 그리스 신화의 존재감은 동일하지 않을 수밖에 없다. 르네상스 시대 피렌체의 저녁 파티에서 신화 속 장면이 그려진 접시를 본 손님들 중 일부는 그 이야기를 할 것이고 다른 손님들은 관심이 없을 것이다. 신화가 후대로 내려오는 과정 역시 내용적으로나 형식적으로 균등하게 전달되지 않았다. 예를 들어, 기원전 8-7세기에 쓰인 호메로스의 《오디세이아》부터 사이먼 아미티지가 2015년에 쓴 《오디세이아》까지 전통이 직선적으로 이어지는 경우는 거의 없다. 전통이란 것은 통제되지 않고 복잡하며 불균형적으로 전달된다. 그러나 그러한 이유로 더욱 매력적인 것이다.

마지막으로 신화는 언제나 참신하다. 새로운 매체가 발달하고 어떤 매체는 쇠퇴하게 마련이다. 신화는 매체에 따라 맥락을 변경하고 다양한 수요들을 충족시키는 쪽으로 적응되었다. 때문에 특정한 시기에 문화적 코드에 부합했던 이야기가 다른 시기에는 상관성이 없거나 진부해 보이기도 한다. 르네상스 회화 속 여성의 누드가 현재 동일한 전달력을 갖지 않는다는 뜻이다. 젠더 정치학에 대한 새로운 인식 덕분에 에로틱한 환상이 추구하는 목표점이 이동한 결과다.

신들에 대한 묘사는 문화적 환경 변화에 특히 민감했다. 17세기 이후부터 인간이 아니라 신들이 주인공인 신화들은 존재감이 줄어들기 시작했고 이를 대체하여 다른 신화들이 주목을 받기 시작했다. 메데이아, 오이디푸스 같은 가족 이야기나 안티고네 같은 정치적 이야기 또는 생경하지만 강렬한 뉘앙스를 주는 아마조네스와 헤라클레스 등이 그 주인공이다. 그럼에도 신들은 여전히 인간의 상상 속에 크게 자리를 차지한다. 신이기도 하지만 신들에게 대적하는 인간의 옹호자로서의 프로메테우스가 대표적인 예다.

    앞으로 설명할 8가지 그리스 신화는 시대를 거듭하면서 다양하고 불규칙적이며 새롭게 교체되고 있다. 고대부터 21세기까지 8가지 그리스 신화는 우리 곁에서 여전히 생생하게 살아 숨 쉬는 중이다.

1
인류 문명을 창조한 파괴적 존재
프로메테우스
Prometheus

프로메테우스처럼 후세에 다양한 영향을 미친 인물은 없을 것이다. 심지어 후기 고전주의 시대에는 예수와 유사하게 묘사되기도 했는데, '미래를 보는 자'라는 의미의 프로메테우스가 자신의 고통이 영원히 끝나지 않을 거라고 예견했다는 점에서 예수보다 더 심한 고통을 겪었다고 간주되기도 했다. 프로메테우스는 잔인한 폭군 앞에서 자유의 햇불을 휘두르는 영웅으로 묘사되기도 했고 인류에게 최초로 불을 전함으로써 인간의 삶을 진보시킨 자로 칭송받기도 했다. 경우에 따라 그가 인간을 도운 게 아니라 인간을 창조했다고까지 묘사되었으나 한편으로는 이러한 영웅적 업적에도 불구하고 그가 사용한 교묘한 속임수에 초점이 모아질 때도 있었다. 어쨌든 프로메테우스에 대한 다양한 재해석 중 그를 대표하는 특성은 그가 인간과 가까운 사이였고 동시에 이로 인해 끔찍한 화를 입었다는 사실이다.

전략가, 저항가 그리고 창조자

호메로스의 서사시보다 더 오래된 초기 그리스 신화를 살펴보자. 시인 헤시오도스Hesiod는 서사시 《신들의 계보》에서 우주의 탄생을 이야기하면서 제우스Zeus의 왕국이 건설되기까지의 에피소드를 들려준다. 이 이야기의 많은 부분은 타이탄의 활동을 중심으로 전개되는데 타이탄은 제우스보다 먼저 존재했던 신으로 제우스를 비롯한 올림포스 12신들과 충돌하는 부분이 있었다. 프로메테우스 역시 타이탄인 이아페토스Iapetos와 클리메네Clymene의 아들이었다.

《신들의 계보》의 상당 부분이 신들 사이의 폭력을 그리고 있으나 프로메테우스 이야기는 폭력보다 계략이 중심이다. 꾀가 많은 프로메테우스는 두 번이나 제우스를 속이고 신들에게 바치는 제물을 빼돌림으로써 인간을 도와주었다. 다만 왜 프로메테우스가 인간의 친구가 되었는지는 전혀 알려진 바 없이 흥미로운 수수께끼로 남아 있다.

첫 번째로 그가 제우스를 속인 건 신들에게 바칠 동물을 도살하는 과정에서다. 프로메테우스는 고기를 두 부분으로 분리하여 한쪽은 내장으로 둘러싸 맛없게 보이도록 했고(사실 살코기가 감춰져 있었다), 다른 한쪽은 지방으로 둘러싸(사실 뼈가 감춰져 있었다) 먹음직스럽게 보이도록 했다. 제우스가 외양에 속아 맛없는 제물을 골랐다는 점이 의아한데 아마도 프로메테우스의 이중성을 입증하기 위해 일단 그의 계략대로 행동했을 것이다. 어찌 되었든 간에 제우스의 선택으로 이후 제물에서 맛있는 부위는 인간이 차지하고 신에게는 뼈를 태우며 향만 피우는 관습이 시작되었고, 이러한 프로메테우스의 사기 행각에 분노한 제우스는 인간으로부터 불을 빼앗아버렸다.

프로메테우스는 이에 두 번째 속임수로 제우스에게 대항했다. 이번에는 속이 빈 식물의 줄기 안에 불을 숨기는 방법으로 신들로부터 불을 훔쳐서 인간에게 주었다. 두 번이나 속은 제우스는 분노에 휩싸여 인간뿐 아니라 프로메테우스에게도 형벌을 내렸다. 우선 인간에게는 최초의 여성 판도라Pandora를 보냈다. 헤파이스토스Hephaistos가 진흙으로 빚고 올림포스 신들이 유혹적으로 꾸민, 겉으로 보기에는 매력이 넘치나 속으로는 파괴적인 계략을 꾸미고 있는 여자였다.

다음으로 프로메테우스에게는 '눈에는 눈, 이에는 이' 방식으로 대응했는데, 불멸의 신인 프로메테우스를 죽일 수 없다는 사실을 알고 죽음 다음으로 무거운 형벌을 내린다. 제우스는 프로메테우스를 코카서스산 바위에 쇠사슬로 묶어놓고 독수리가 매일 간을 쪼아먹도록 했다. 다음 날 있을 독수리의 무시무시한 성찬을 위해 매일 밤 프로메테우스의 간은 본래대로 회복되었다. 독수리는 제우스를 상징하는 신성한 새로써, 자신을 대리하는 독수리를 통해 제우스는 프로메테우스라는 적수를 찢어서 먹어 치웠다. 후에 제우스의 아들인 헤라클레스Hercules가 독수리를 활로 쏘아 죽임으로써 이 끔찍한 형벌은 끝이 난다.

헤시오도스는 이 에피소드의 일부를 서사시《일과 날》에서 다시 등장시켰다. 프로메테우스가 강하게 경고했음에도 불구하고 남동생 에피메테우스Epimetheus는 어리석게도 제우스가 인간에게 보낸 판도라를 아내로 반갑게 맞아들인다. 익히 알려진 바와 같이 판도라는 커다란 항아리를 가지고 있었는데 그녀가 항아리를 열자 모든 악과 질병이 세상 밖으로 뛰쳐 나왔다. 판도라가 뚜껑을 닫았을 때 오직 희망만이 항아리 속에 남아 있었다는 사실은 우리에게 시사하는 바가 크다. 희망이 항아리 속에 남아 있다는 사실은 인간이 언제나 희망을 가질 수 있다는 의미일까, 아니면 희망이 아직 항아리 속에 있어서 인간이 쉽게 접근할 수 없다는 의미일까.

이와 같은 딜레마에 대해 어떻게 결론을 내리든, 판도라 이야기의 결말은 인류가 고통에 빠지게 되었다는 사실이다. 프로메테우스의 선한 의도에도 불구하고 제우스와의 충돌은 프로메테우스에게도, 그의 추종자들에게도 암울한 미래를 불러왔다. 특히 인간에게는 힘든 노역으로 점철된 인생이 펼쳐지게 되었다.

프로메테우스에 대해 헤시오도스보다 더 깊은 울림을 주는 두 번째 목소리는 기원전 6세기 시인 아이스킬로스Aeschylus의 장대한 비극《결박당한 프로메테우스》에서 들을 수 있다. 이 비극은 폭력의 신 비아Bia, 힘과 권력의 신 크라토스Cratos 그리고 마지못해 합류한 헤파이스토스가 황량한 스키타이의 험준한 바위에 프로메테우스를 인정사정없이 묶는 장면으로 시작되어 관객은 처음부터 무시무시한 결박 장면을 보게 된다.

크라토스 : 젖 먹던 힘을 다해 프로메테우스의 가슴을
      뚫어라. 가차 없는 뾰족한 철 쐐기야.
헤파이스토스 : 아! 프로메테우스여, 그대의 고통에
      눈물이 쏟아진다.
크라토스 : 아직도 주저하는가? 제우스의 적을 위해
      눈물을 흘리는가? 조심해라, 스스로를 동정해야
      할지 모르니.
[헤파이스토스가 쐐기를 박는다]
헤파이스토스 : 보아라! 이제 너의 두 눈을 아프게 할
      광경을.
크라토스 : 프로메테우스가 죗값을 받는구나.

이 이야기는 수천 년의 세월을 관통한다. 프로메테우스가 인간에게 건네준 모든 것, 불과 이성, 별자리 전설, 수학, 글, 의학 그리

고 점술 등을 떠올리면서 과거로 거슬러 올라가는 듯하지만, 이 비극이 미래를 예견하는 그의 능력에서 시작되었기 때문에 전체적으로는 과거보다 미래에 초점이 맞추어진다. 프로메테우스는 예리한 통찰력 때문에 자신 앞에 놓인 고통의 마지막 한 방울까지 속속 알게 될 수밖에 없다. 이러한 점이 그가 인간과 차별되는 능력일 것이다. 프로메테우스는 그의 고통을 구경하러 온 님페에게 이 점을 고백한다.

> 프로메테우스 : 나는 인간이 자신의 죽음을 더 이상 예견하지 못하도록 만들었다.
> 코러스 : 그들의 괴로움을 어떻게 덜어주었나요?
> 프로메테우스 : 나는 그들에게 눈먼 희망을 심어주었지.
> 코러스 : 당신의 선물은 커다란 축복입니다.

아쉽게도 프로메테우스에게는 무지라는 축복이 내려지지 않았다. 그렇다고 그에게 희망이 아예 없는 것은 아니었다. 프로메테우스는 제우스와 협상 카드로 쓸 수 있는 비밀을 하나 알고 있었다. 제우스에게 강력한 힘을 가진 아들이 태어날 것이라는 사실이었는데, 프로메테우스는 제우스에게 비밀의 실체를 말하지 않은 채 자신이 돕는다면 아들에게 왕좌를 뺏길 위험을 모면할 수 있다고 협상을 시도한다(이후의 문헌들에 따르면 제우스는 바다의 님페인 테티스Thetis에게 한눈에 반했지만 프로메테우스의 예언을 떠올리고 테티스를 인간인 펠레우스Peleus와 결혼시킴으로써 위험을 모면했다).

그러나 프로메테우스의 예언은 아직 일어나지 않은 일이었기에, 제우스의 심복이자 헤파이스토스의 견습생인 헤르메스Hermes는 프로메테우스가 그 비밀이 무엇인지 알려주지 않는다면 독수리가 간을 쪼아먹는 형벌을 영원토록 지속시킬 것이라고 협박했다. 이에 대한 프로메테우스의 응답은 비열하고 무자비한 독재자를 향한 저항을 대표하게 된다.

"할 수 있는 한 가장 심하게 하라."

프로메테우스에 대한 세 번째 목소리는 정치 철학과 연관이 있다. 플라톤Platon은 대담집 《프로타고라스》에서 인류 사회의 기원에 대해 말하면서 제우스와 프로메테우스의 상호작용과 프로메테우스와 에피메테우스의 관계에 관한 새로운 관점을 제시한다.

신들이 모든 생명체를 창조한 후 에피메테우스와 프로메테우스에게 생존에 필요한 기술을 가르치라고 지시하는데 에피메테우스는 동물에게만 기술을 가르치고 인간은 깜빡 잊고 만다. 이에 프로메테우스가 인간을 위해 불을 훔침으로써 개입하게 되고 이에 더하여 자기방어에 필요한 다양한 기술과 수단도 함께 전수하지만 그럼에도 아직 사회적으로 화합하는 방법을 배우지 못한 탓에 인간의 생활은 여전히 불안정했다. 다행히 제우스는 프로메테우스의 개입에 화를 내지 않고 헤르메스를 지상으로 보내어 인간들에게 존중과 정의라는 가치를 알려준다.

신화에 대한 플라톤의 흥미로운 각색은 인간의 삶을 퇴보하는 곡선으로 해석한 헤시오도스나 폭군과 혁명가 사이의 도덕적 대립으로 그린 아이스킬로스의 관점과 명확히 구분된다. 헤시오도스, 아이스킬로스, 플라톤의 이야기에서 프로메테우스 신화의 주요 윤곽은 공통적으로 드러나 있다. 이들은 프로메테우스를 인간의 기원과 연결시키는데 동물을 제물로 바치는 최초의 의식, 불의 시초, 인류 문화의 발단이 그 예다. 그러나 가장 근본적인 측면이라 할 수 있는 인간의 창조자로서 프로메테우스의 역할에 대해서는 함구하고 있다.

고대의 다른 작가들도 이 주제에 대해 암시를 하기는 했으나, 본격적으로 이에 대한 이야기가 다루어진 작품은 로마 시대 시인인 오비디우스Ovid의 《변신 이야기》다. 오비디우스가 그리는 프로메테우스는 진흙과 빗물을 섞은 반죽으로 똑바로 서 있는 신의 형상을 빚는다. 오비디우스보다 덜 알려져 있지만 같은 맥락의 이야기를 했던 이솝 우화에서는 프로메테우스가 진흙과 눈물을 섞어 어떤 형상을 빚는 것으로 인간의 창조를 표현한다. 흙과 눈물은 프로메테우스의 창의력과 고통을 구체적으로 보여주는 통렬함의 표현이자 인간의 본질이 흙과 눈물에 있다는 사실을 시사한다.

문학에서 다뤄진 이러한 일화들은 시각적으로도 계속 묘사되어왔다. 그중 가장 극적인 장면은 타이탄이 독수리에게 무자비하게 쪼이는 광경으로, 바티칸 박물관의 라코니아 도자기에 새겨져 있다. 이밖에도 헤라클레스가 독수리를 활로 쏘는 장면은 아테네식 도자기에 그려져 있다.

이후 고대 작품에서는 인간 창조라는 행위를 묘사함으로써 중세와 근대에 강력한 영향을 미친다. 이 이야기의 변주는 에트루리아(고대 로마 시대에 존재했던 나라)의 풍뎅이 보석에서 찾을 수 있는데 여기에는 인간을 만들고 있는 프로메테우스의 모습이 조각되

아르케실라스 화가, 프로메테우스와 아틀라스를 그린 라코니아 도자기, 기원전 560-550년.

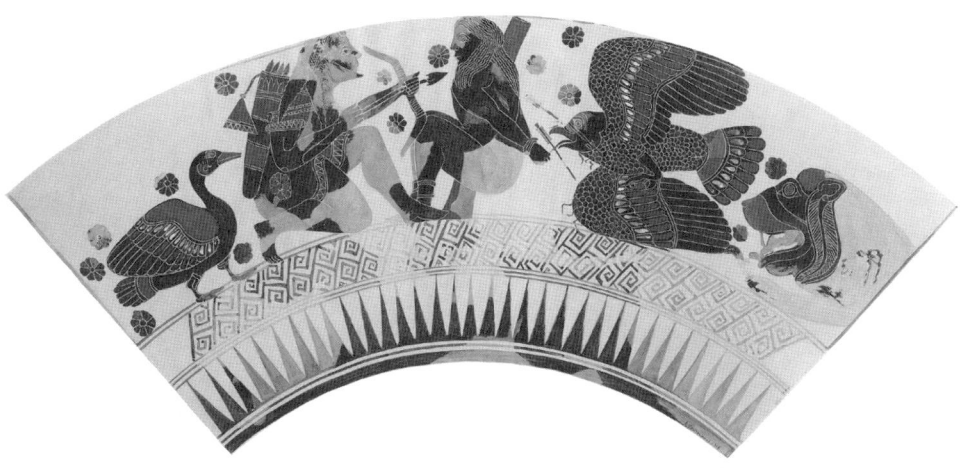

네토스 화가, 헤라클레스, 프로메테우스 그리고 독수리를 그린 아테네식 도자기, 기원전 625-575년경.

프로메테우스의 모습이 새겨진 에트루리아 풍뎅이 보석, 기원전 3-2세기.

어 있다. 더 사실적인 이미지는 마드리드 프라도 미술관에 있는 대리석 석관에서도 찾을 수 있다. 여기에서 프로메테우스는 인간의 형상을 창조하고 인간의 머리에 아테나Athena가 나비를 올리고 있다(그리스어로 프시케는 나비와 영혼이라는 의미를 다 포함한다).

프로메테우스가 항상 권위 있는 모습으로만 그려진 것은 아니다. 기원전 414년에 쓰인 아리스토파네스Aristophanes의 희극 《새》에서는 프로메테우스가 제우스에게 발각되는 것이 두려워 파라솔을 들고 긴장한 채 무대 위로 기어 올라온다. 프로메테우스가 염려

최초의 인간을 빚는 프로메테우스가 새겨진 로마 석관, 185년경.

하는 데에는 그만한 이유가 있는데 새들이 하늘에 자신들의 왕국을 짓는 바람에 올림포스의 신들이 제물로부터 풍겨 나오는 냄새를 맡을 수 없게 되었기 때문이다.

그러나 이러한 모습은 아리스토파네스의 작품에 국한된다. 그가 각색한 프로메테우스와 제우스 사이의 대립은 당시 희극이 표방하던 불경스러운 묘사에는 딱 맞아떨어지나 고대 작품에서 느껴지는 위엄을 전한다거나 사람들의 감정과 생각에 울림을 준다고는 할 수 없다.

중세와 르네상스 시대, 감히 신에게 맞서다

중세와 르네상스 시대에는 고대로부터 내려온 다양한 색깔의 프로메테우스 신화를 어떻게 각색했을까? 웰즐리칼리지에서 비교문학을 가르치는 캐럴 도허티Carol Dougherty는 프로메테우스 신화를 연구한 논문에서 낭만주의 시대의 프로메테우스는 고귀하고 반항적인 영웅으로 묘사되었다고 밝힌다. 물론 낭만주의 시대야말로 프로메테우스가 전례 없이 우상화되었던 때라고 할 수 있겠으나 그 전에 무수히 많은 문화적인 변화가 있었음을 간과해서는 안 된다. 후기 고대 시대로부터 르네상스 시대에 이르기까지 프로메테우스의 이미지는 바이런이 묘사한 반항아가 아니라 창조자이자 제조자 즉 '인간을 만들고 생명력을 불어넣은 자'였다.

신화까지 그리스도교적인 세계관에 녹이려는 당시 시대에 프로메테우스 신화는 특히 다루기 어려운 주제였다. 인간을 창조한 프로메테우스의 역할을 어떻게 아담을 창조하여 생명을 불어넣은 하느님의 역할과 조화시킬 것인가? 카르타고의 신학자인 테르툴리아누스Tertullian는 이에 대해서는 하나의 답만 존재한다고 했다. 진정한 프로메테우스는 진흙으로 인간을 만든 전지전능한 하느님이라며.

1세기가 지난 후 북아프리카 신학자인 락탄티우스Lactantius는 하느님의 창조에 대한 프로메테우스의 도전을 자신만의 방법으로 해석했는데, 그에 따르면 프로메테우스는 오직 인간의 형상을 본떠 조각상을 만들었을 뿐이며 실제 사람을 만든 창조자는 하느님이 유일하다. 프로메테우스의 비범한 재능을 인정함과 동시에 그를 인간화시키는 과정은 아우구스티누스Augustine가 이어간다. 아우구스티누스는 프로메테우스를 두고 인간에게 지혜를 가르치는 가장 뛰어난 스승이라고 했다.

중세시대에는 프로메테우스의 신적인 측면보다 인간적인 측면이 그의 조형 능력과 함께 강조되었다. 12세기 신학자인 페트루스 코메스터Petrus Comestor도 프로메테우스가 인간에게 문명을 선사했다고 설명한 바 있고 이러한 해석은 꽤나 영향력이 있었다. 점성술사처럼 보이는 프로메테우스가 인간을 창조하는 순간에 대한 생생한 묘사는 소위 '피렌체 그림 연작'이라고 불리는 15세기 판화가 마소 피니게라Maso Finiguerra의 그림에 잘 표현되어 있다.

마소 피니게라, 〈피렌체 그림 연작〉 중 13권의 일부, 1470-75년경.

프로메테우스에 대한 이러한 접근은 공통적으로 그를 기독교의 창조자를 예비하는 존재로 보지만 창조자의 유일무이한 지위에 대해서는 절대 의문을 품지 않는다. 이러한 접근법은 포괄적으로 에우헤메리즘Euhemerism에 속한다. 에우헤메리즘은 평범한 인간을 기준으로 신을 해석하고 신들의 행위는 실제 현실의 사건을 반영한다고 보는 방식을 일컫는다.

이와 달리 신화를 우화로 간주하는 접근법도 있는데, 이 역시 중세 시대에 에우헤메리즘만큼 중요하게 여겨졌다. 우화적인 접근법에 따르면, 해석자의 목표는 겉으로 보이는 명백한 사실 뒤에 숨은 진짜 의미를 밝혀내는 것이다. 이에 대한 전형적인 예는 이탈리아의 인문주의자인 조반니 보카치오Giovanni Boccaccio가 14세기에 쓴 방대한 신화학 논문 〈이교도 신들의 계통도〉에서 찾을 수 있다.

보카치오는 우선 흙으로 인간의 형상을 빚어내는 프로메테우스의 기교가 아테나의 이목을 끌었고, 아테나는 그가 온전한 인간을 창조할 수 있도록 여러 방면에서 도왔다는 고대 이야기로 시작한다. 프로메테우스는 하늘에서 태양의 신 포이보스Phoebus의 전차 바퀴에 펜넬 줄기를 연결하는 방법으로 불씨를 얻은 다음 불씨를 지상으로 가져와 자신이 창조한 인간에게 생명을 불어넣었다.

이것이 신화가 그리는 사실이고 보카치오가 해석한 그 뒤에 숨은 의미는 다음과 같다. 지혜(아테나)의 안내를 받은 프로메테우스는 하늘에서 명료한 진실(불)을 가지고 와 그가 창조한 인간의 형상 속에 집어넣음으로써 인간에게 야만 대신 이성을 선물했다. 보카치오에 따르면 코카서스산에서 독수리가 간을 쪼는 형벌은 프로메테우스가 칩거하면서 숭고하고 깊은 생각에 잠겨 있음을 우화적으로 표현한 것이다.

프로메테우스에 대한 우화적인 해석은 역사적으로 오래되고 복잡한 흐름을 거치는데 그가 항상 도덕적으로 우월한 존재로 묘사된 것은 아니었다. 16세기 이탈리아의 신화학자이자 시인 나탈레 콘티Natale Conti는 방대한 분량의 기념비적인 저서《신화》에서 프로메테우스가 독수리 문장으로 대표되는 신성로마제국과 대립하는 개신교를 대표한다고 보았다.

한편 프로메테우스가 가진 역설적인 이미지도 흥미로운데, 냉정하고 권위적인 모습과 완전히 무력한 모습이 동시에 그려지기도 했다. 이탈리아 피렌체의 화가 피에로 디코시모Piero di Cosimo가 나무상자에 그린 그림을 보면 상자의 왼쪽 면에는 프로메테우스가 인간의 심장에 불을 붙이기 위해 경건하게 횃불을 가져다 대는 장면이, 오른쪽 면에는 헤르메스가 프로메테우스의 뒤틀린 신체를 나무에 묶고 허기진 독수리가 그 위에 앉아 기다리는 장면이 그려져 있다.

예술가는 보통 작품을 만들 때 스토리에서 하나의 장면을 선택하고 다른 장면은 무시하는 방법을 택하지만 이 두 장면 사이에는 프로메테우스가 인류를 창조했고 그로 인해 처벌받았다는 함축적인 연결고리가 있어 함께 묘사되었다. 때때로 이러한 연결고리를 글자 그대로 해석하고 표현할 때도 있어서 가끔 프로메테우스가

피에로 디코시모, 〈프로메테우스의 신화〉, 1515년경.

커다란 반지를 끼고 있거나 들고 있는 모습으로 그려질 때도 있다.

프로메테우스의 반지는 제우스가 프로메테우스를 영원히 처벌할 것이라고 맹세함에 따라 프로메테우스는 자신을 바위에 묶었던 쇠사슬의 고리를 차고 있어야 했던 고대 전설에 기인하는데, 이 고리의 존재는 곧 영속성을 상징했다. 실제로도 이탈리아의 인문주의자 베르길리우스Vergil에 따르면 프로메테우스는 반지를 처음 만든 주인공이다.

16세기와 17세기에 프로메테우스의 형벌이라는 주제는 거장 예술가들의 흥미를 끌었다. 그들의 작품 속 타이탄은 옷을 갖춰 입고 꼿꼿이 서 있는, 비교적 태연하고 기품 있는 모습으로 묘사되는가 하면, 뒤틀어진 육체가 땅바닥에 널브러져 있는 모습이 마치 고통스럽게 고문당하는 것처럼 그려지기도 했다.

대표적인 예가 현재 필라델피아 미술관에 소장되어 있는 17세기 루벤스Rubens의 유화 〈결박당한 프로메테우스〉다.

루벤스는 형벌의 잔인함을 적나라하게 묘사한다. 독수리의 부리가 사정없이 프로메테우스의 가슴을 쪼고 있을 뿐만 아니라 두 눈으로 프로메테우스의 눈을 매섭게 노리고 있다. 독수리 자체는 매우 장엄하게 묘사되어 있으며 프로메테우스와 동일한 크기로 그려졌다. 그림 속 독수리는 자연스럽게 절대 신인 제우스의 상징이자 대리인 역할을 하면서 장면을 지배한다.

이렇듯 많은 예술가들이 타이탄에 대한 제우스의 응징을 자신만의 시각으로 묘사했으나, 이 중 아이스킬로스의 비극에서 등장

피터 폴 루벤스, 〈결박당한 프로메테우스〉, 1611-18년경

헨리 푸젤리, 〈코카서스산에서 프로메테우스를 결박하는 헤파이스토스, 비아 그리고 크라토스〉, 1800-10년경

한 첫 장면의 공포를 헨리 푸젤리Henry Fuseli만큼 뚜렷하게 시각화한 화가는 없어 보인다.

근대의 프롤레타리아 영웅

프로메테우스와 판도라 이야기에서 희망이 가지는 역할을 감안했을 때, 프로메테우스 신화가 구시대의 적폐가 무너지고 자유주의적인 낙관주의가 만개했던 프랑스 혁명과 그 직후에 특별한 의미를 가진 것은 당연한 결과다. 아쉽게도 이는 공포정치의 부상으로 다시 수그러들었고 나폴레옹 제국 치하에서는 골칫거리가 되어버렸지만 말이다. 그러나 정작 고귀하고 반항적인 타이탄의 신화가 정점에 이른 곳은 프랑스가 아닌 독일과 영국이었다. 괴테Goethe는 다양한 작품 속에서 반복하여 프로메테우스 신화를 다루었는데 그중 가장 인상적인 작품이 바로 〈프로메테우스〉일 것이다. 이 시는 억압하는 신에 대항해 주먹을 휘두르는 반항아의 모습을 집약하여 보여준다. 괴테는 신에게 대항하는 인간을 찬양하고 의기양양한 어조로 프로메테우스의 창의적인 역할에 경의를 표한다.

> 여기 나는 앉아 인간을 만든다,
> 나와 같은 형태로.

나를 닮은 종족은,
고통받아 흐느낄 것이고,
기뻐하고 즐거워할 것이다.
그리고 당신의 뜻을 더는 받들지 않을 것이다,
나보다 더!

괴테 못지않게 바이런Byron에게도 프로메테우스는 예술적 상상의 중심에 있는 인물이었다. 바이런은 존 머레이에게 쓴 편지에서 '아이스킬로스의 프로메테우스가 항상 머릿속을 가득 채우고 있어서 내 모든 작품에 큰 영향을 끼친다'라고 적은 바 있다. 그가 바라보는 프로메테우스는 계략가가 아니라 반항아로, 이상을 위해서라면 어떠한 고난도 감내할 수 있는 인물이었다. 비평가들의 시끄러운 잔소리를 장시간 고통스럽게 견뎌야 했던 시인에게 있어 프로메테우스는 나쁘지 않은 모델이었을 것이다. 그의 시 〈프로메테우스〉 중 아래 구절에서 이러한 바이런의 심중이 잘 드러난다.

타이탄! 그대에게 고난이 주어졌다.
고통과 의지 사이에서,
죽을 수도 없는 고문,
그리고 냉혹한 천국,
그리고 귀먹은 운명의 폭압,
증오의 지배 원리가

그만의 즐거움을 위하여 창조한다

소멸시킬 수 있는 것들을.

죽음의 혜택마저도 거부당했다.

영원이라는 끔찍한 선물은 그대의 것,

그대는 그것을 잘 받아들였다.

〈프로메테우스〉는 1816년에 발표되었다. 그 해는 바이런과 역시 낭만주의 시인인 퍼시 비시 셸리Percy Bysshe Shelley 그리고 셸리의 아내 메리 셸리Mary Shelley가 제네바에서 각자의 예술 세계에서 중요하고 격렬한 여름을 보낸 때였다. 바이런과 마찬가지로 셸리 부부는 프로메테우스 신화에 있어 매우 중요한 역할을 한 작가들이다.

퍼시 비시의 경우, 서정적 시극 〈속박에서 벗어난 프로메테우스Prometheus Unbound〉에서 아이스킬로스의 작품을 재구성함과 동시에 급진적으로 재해석했다. 그리스 비극이 프로메테우스에 대한 형벌이 개시되며 막을 올리는 것에 비해 퍼시 비시의 작품은 타이탄이 여전히 움직일 수 없고 고통스러운 곤경에 처해 있는 30,000년 후의 미래로 우리를 이끈다. 그렇다고 모든 것이 변하지 않은 것은 아니다. 제우스는 여전히 악에 갇혀 있으나 프로메테우스의 심적인 상태는 변화되었다. 그는 올림포스 신들에게 퍼부었던 저주를 거두고 폭정과 복수 대신 자유와 평등이 자리한 이상적인 세계를 갈망하고 있다. 새롭고 낙관적인 전망 속에서 프로메테우스와 인간은 진정한 희망을 누릴 수 있다.

메리 셸리의 혁명적 소설《프랑켄슈타인 : 혹은 현재의 프로메테우스Frankenstein : Or The Modern Prometheus》에서 그리는 인류의 미래는 훨씬 덜 행복하다. 이를 가장 명백히 보여주는 것이 프로메테우스를 상징하는 주인공 빅터 프랑켄슈타인으로, 오만한 그는 인간과 같은 피조물을 만들고 '내 발아래 누워있는 생명 없는 물건에 존재의 불씨를' 붙인다.

프랑켄슈타인이 창조한 괴물은 떠돌이 거지들이 놓고 간 불을 발견하고 활용하면서 어떻게 자신이 야만적 상태에서 벗어나게 되었는지 독백한다. 그는 불에 매혹되고 경험을 통해 불의 특성과 이점, 불을 보존하는 방법을 인지하고 결국 사회를 지탱하는 불의 역할을 배움과 동시에 불의 파괴력에 대해서도 깨닫는다. 메리 셸리의 통찰은 낭만주의 시대의 상상력을 자극했던, 인간 재창조라는 꿈 이면의 어두운 그늘을 드러냈다. 아마도 메리와 퍼시 비시는 집에서 난롯불을 쬐고 있을 때조차도 장작불 하나를 두고 흥미로운 대화를 이어갔을 것이다.

프로메테우스의 영웅주의는 19세기 말과 그 이후, 사회주의적 이상에 신의 존재가 결합되면서 급물살을 타고 새로운 방향으로 전개된다. 카를 마르크스Karl Marx는 유명한 그의 논문 서두에서 타이탄을 두고 '철학 역사상 가장 영향력 있는 성인이자 순교자'라고 칭했다. 얼마 되지 않아 마르크스가 창간한《라인 신문Rheinische Zeitung》의 발행이 금지되었고, 한 시사만평에서는 이에 대해 인쇄

로렌츠 클라센, 카를 마르크스를 프로메테우스처럼 표현한 만평, 1843년.

기에 묶인 채 프러시아 사람들을 상징하는 독수리에게 쪼이는 마르크스를 표현했다.

프로메테우스는 더 이상 바이런이 묘사한 고립된 영웅도 아니고, 빅터 프랑켄슈타인으로 형상화된 고뇌에 찬 인물도 아니었다. 프로메테우스는 인류의 번영을 중시하는 사회적인 인물로 추앙되기에 이른다. 고통받는 프롤레타리아 영웅으로서의 이미지는 독일 민주 공화국 시대까지 이어졌다. 하인츠 체코프스키Heinz Czechowski가 1963년에 발표한 시 〈프로메테우스〉에서 타이탄은 공장 안 가마솥에 묶인 채 국자로 독수리를 막아 내고 있다.

힘과 저항을 대표한 20세기

헤시오도스와 아이스킬로스에 따르면 제우스는 전통적인 지배자였을 뿐 아니라 살아있는 권력, 나아가 광신적 종교집단의 대상으로서 동시대인들로부터 권위를 인정받았다. 그러나 신화 이면의 종교적 배경을 거두어 내면 제우스와 프로메테우스 갈등에는 무자비한 독재자와 고귀한 자유 수호자의 정치적 대립만 남는다. 한마디로 도덕적으로 양극단이 훨씬 더 부각되는 것이다.

이러한 프로메테우스의 현대적 이미지는 극작가이자 시인인 토니 해리슨Tony Harrison이 각본을 쓰고 감독한 1998년작《프로메테우스》에 잘 녹여져 있다. 영화시film-poem(1950년대 아방가르드 영화의 한 형식)라는 낯선 방식으로 만들어진 이 작품은 강렬한 사실주의를 바탕으로 사투리 운율을 시처럼 활용한 대사가 돋보이는데, 이를 통해 쇠락하고 있는 영국의 탄광업과 동유럽 공산주의 사상 그리고 불의 모호한 특성을 표현하고 있다. 영화 속에서 프로메테우스를 상징하는 인물은 '노인네'라고 불리는 전직 광부로 암에 걸린 데다 24시간 담배를 물고 사는 욕쟁이다. 이 전직 광부가 담배를 입에서 놓지 않는 것은 불을 포기하지 않는 프로메테우스를 표현한다. 담배는 그가 제우스를 상징하는 보스에게 굴복하기를 거부하는 표현이자 보스의 뺀질이 부하인 헤르메스를 경멸하는 수단이다.

> 헤르메스 : 불이 인간을 파괴할 때 제우스는 기뻐 날뛴다…
> 제우스가 유럽의 대학살로 만족할 거라 생각하겠지만
> 아이들이 쌕쌕거리는 소리를 들을 때,
> 공장 근처에서 자란 아이들…
> 기침하는 아이들, 침대에서 천식 흡입기를 쓰는 아이들,
> 암과 천식, 우리가 기다리면,
> 어느 정도 보상될 거라고 제우스는 생각한다.
>
> 그러나 노인네는 답을 안다 :
> 네가 빌어먹을 제우스에게 아무리 굽신굽신해도

> 나 같은 사람은 절대 고개 숙이지 않는다!
> 타르 구덩이에서 연료를 얻는 발전소들이
> 너의 더러운 똥에 연기를 내뿜을 것이다.

 해리슨의 불편하고 디스토피아적 시각은 영화가 전개되면서 어둡긴 하지만 옅은 낙관주의를 암시한다. 훌륭한 시이자 영상인 이 작품은 해리슨의 가장 인상적인 대작으로 기록될 것이다.
 프로메테우스라는 이름은 현재에도 여전히 널리 사용되고 있다. 불이 중요한 제품에 특히 그러한데, 시가 액세서리를 제작하는 고급 브랜드에도 쓰이고 있으며 하위 브랜드인 시가에도 관련 네이밍이 쓰인다.
 이 밖에도 럭셔리 부동산 개발 회사, 기업에 여러 솔루션을 제공하는 기술기업의 이름에도 프로메테우스가 쓰인다. 이 업체에서 제공하는 솔루션인 '프로메테우스 플랫폼'을 검색해보니 다음과 광고가 뜬다.

> 당신의 EAM, ERP, CMMS 기능을 확장시키고
> 향상시킬 종합적인 솔루션으로 당신의 관리 운영
> 방식을 개선해보세요. 당신의 자산 관리 성공에
> 동참하는 모든 직원들과 부서에 정렬, 일관성, 책임,
> 가시성을 제공해주세요. 이것은 프로메테우스
> 플랫폼입니다. 통합적이고 완전한, 회사 자산 관리의

고급 시가 브랜드인 갓오브파이어God of Fire.

진수입니다.

이 광고 문구가 정확히 무엇을 뜻하는지 알기 어렵지만, 관련 제품들을 지식과 힘의 아우라로 포장하기 위하여 타이탄의 이름을 사용했다는 사실은 쉽게 알 수 있다.

마케팅 종사자뿐만 아니라 정치인들도 프로메테우스의 이름을 적극 활용한다. 2019년 9월, 당시 영국 총리였던 보리스 존슨Boris Johnson은 UN에서 자신을 고독한 영웅 프로메테우스에 빗대어 연설을 했다. 자신이 펼친 주요한 정책이 프로메테우스의 간이 독수리에게 뜯어 먹혔던 것처럼 비도덕적인 정적들로부터 무자비한 공격을 받았다면서.

이런 식의 언급은 존슨이라는 정치인 브랜드를 만든 그의 참모, 이미지 메이커, 연설문 작성자들이 다음의 두 가지 요소를 조합시킨 결과다. 하나는 평범한 일반인 이미지(안전모와 야광 점퍼, 정육점 앞치마를 두르거나 맥주잔을 든 모습으로 사진을 자주 찍는 것)이고 다른 하나는 똑똑한 상류층의 이미지(이튼과 옥스퍼드를 졸업한 그가 고전 문학을 자주 인용하는 것)이다. 존슨이 끊임없이 고전 문학을 인용하는 것은 사랑스럽고 어리숙한 광대 이미지를 대영 제국 시절의 향수를 불러일으키는 것으로 상쇄하기 위함일 것이다.

예술에서도 프로메테우스는 끊임없이 활용되는 이름이다. 테리 프래쳇Terry Pratchett의 판타지 시리즈 '디스크월드' 중 27번째 소설인 《마지막 영웅The Last Hero》은 타이탄의 신화를 기발하고 신선하게 활용한다. 프래쳇에게 프로메테우스 신화는 독자들과 함께하는 신나는 게임의 일부다. 프로메테우스 이름 자체가 인용되지는 않지만 프로메테우스는 디스크월드의 첫 번째 영웅인 마즈다의 모습으로 구현된다. 마즈다는 신들로부터 불을 훔쳐서 인간에게 준 죄로 바위에 묶여 독수리에게 매일 쪼이는 전통적인 형벌을 받는다.

마즈다라는 이름은 고대 이란의 신인 아후라 마즈다Ahura Mazda에 기인한다. 나이 든 영웅 무리가 마즈다에게 칼을 돌려줌으로써 오랜 시간 프로메테우스의 형벌을 받아온 마즈다의 운명은 제자리로 돌아온다.

> 그리고 지도에도 없는 곳에서 불을 가져다준 불멸의 마즈다가 영원히 바위 위에 누워있다. 만 년이 지나자 기억조차 희미해져, 그는 무슨 일이 있었는지 잘 기억하지 못한다. 말을 탄 노인들이 하늘에서 급습하여 마즈다의 쇠사슬을 끊어주고 술을 건네며 차례로 그의 시든 손을 잡고 악수했다. 그러더니 홀연히 말을 타고 다시 별을 향해 떠났다. 마즈다는 수 세기에 걸쳐 몸의 형상대로 파인 돌 위에 다시 누웠다. 그는 노인들이 왜 왔는지, 왜 그렇게 즐거워했는지 알 수 없었다. 사실 그는 두 가지만 확실히 알 뿐이었다. 첫째, 지금이 거의 새벽이라는 사실. 둘째, 오른손에 노인이 준 날카로운 검을 쥐고 있다는 사실.
> 그리고 새벽이 다가오자 독수리의 날갯짓 소리가 들려왔다. 그는 이 순간을 즐기기로 마음먹었다.

프래쳇의 판타지 시리즈가 누적 8000만 부라는 어마어마한 숫자로 판매된 걸 보면, 매력적으로 재구성된 신화는 여전히 큰 힘을 갖는다.

필라델피아 미술관은 지역 만화 전문 출판사와 함께 《영원한 프로메테우스Prometheus Enternal》라는 작품집을 제작하였다. 신화에 대한 루벤스의 고전적인 시각이 현대의 만화와 일러스트에 미친 영향을 알리는 것이 기획 의도다.

거장 리들리 스콧Ridley Scott 감독 역시 2012년 에일리언 시리즈의 다섯 번째 작품을 《프로메테우스》라는 이름으로 발표했다. 프로메테우스라는 우주선을 타고 지구에 인류를 창조했다고 추정되는 외계 생명체를 찾아 떠나는 탐험이 주된 이야기다. 인류의 기원을 찾아 외계인과 신, 인간 사이의 관계를 다루고 있어 사람들에게 프로메테우스라는 이름으로 여러 생각할 거리를 안겨주었을 것이다.

인간의 창조자, 계략을 쓰는 사기꾼, 저항하는 정치범, 고문받는 순교자, 기술자, 프롤레타리아계급의 챔피언… 이것들은 프로메테우스의 역할 중 일부에 불과하다. 예지자로서의 그의 역할에 대해서는 거의 강조되지 않았는데 프로메테우스가 예지를 뜻한다는 점에서 이는 의외의 사실이다.

프로메테우스의 예언자 이미지는 앞으로 훨씬 큰 주목을 받게 될 것이다. 의사가 환자에게 '수명이 1년도 채 남지 않았습니다'라고 말하는 것에서 '수명이 178일하고 15시간 남았습니다'라고 말하는 때가 오면 더욱 그럴 것이다.

이런 능력을 얻게 되었을 때 인류가 할 수 있는 일이 무엇일까? 팬데믹이 시작하던 시점에 낙관적으로 장기 계획을 세우는 개인과 사회를 생각해보자. 프로메테우스가 인류에게 준 '헛된 희망'

이 결국 인류를 위한 것이었을까? 예지가 갖는 의미는 심오하고 복잡하다. 프로메테우스 신화는 이를 이해하는 방법을 제시할 것이다.

2
불안과 격정과 파멸의 악녀
메데이아
Medea

얼핏 보았을 때 프로메테우스와 메데이아는 공통점이 전혀 없어 보인다. 남성, 다른 신들과 투쟁하는 신, 인류의 기원과 연관 있는 인물, 산 정상에 묶여 있는 존재가 프로메테우스를 표현하는 것들이라면 메데이아를 표현하는 수식어는 다음과 같다. 여성, 신이기도 하지만 그보다는 자주 인간적인 격정에 휩싸이는 인물, 끊임없이 이동하면서 소속감 없이 파멸적인 관계 속에 놓이는 존재.

그러나 프로메테우스와 메데이아는 이름과 관련하여 한 가지 강력한 공통점을 갖는다. 둘 다 그리스어 동사인 Mēdomai가 이름의 의미에 담겨있다. Mēdomai는 '계획하다' '생각하다' '구상하다'라는 의미인데 프로메테우스가 '미리 생각하는 자'를 뜻하고 메데이아는 '계획하는 자'를 뜻한다.

정착하지 못하는 역마살

메데이아는 태양신 헬리오스Helios의 손녀이자 콜키스의 왕 아이에테스Aietes의 딸이다. 콜키스는 흑해 동부 연안의 왕국으로 아이아Aia와 동일하게 언급되는 지역이다. 아이아에서 있었던 일은 그리스의 서사시인 아폴로니우스Apollonius가 《아르고호의 항해》에서 훌륭하게 묘사하고 있어서 이 책에서도 대략적으로 그의 이야기를 따라 설명할 것이다. 아이아는 아이에테스가 빈틈없이 지키고 있는 멋진 황금 양털이 있는 곳이기에 더욱 특별한 도시다. 황금 양털은 못된 계모로부터 도망치는 남매를 태워준, 하늘을 나는 금빛 양털이다.

이아손Jason과 아르고호의 선원들이 양털을 손에 넣으려고 아이아에 도착하자 아이에테스는 이아손에게 불가능한 과제를 주고 이를 성공시키면 양털을 주겠다고 약속한다. 이에 따라 이아손은 불을 내뿜는 황소를 제압해야 했고 뱀의 이빨을 씨처럼 땅에 뿌려야 했으며 땅에서 솟아 나오는 적들을 무찔러야 했다. 문제는 이 과제들을 무사히 수행했음에도 불구하고 양털을 지키는 뱀을 또 물리쳐야 한다는 사실이다.

이아손은 이 모든 과업을 메데이아 덕분에 성공적으로 완수할 수 있었다. 아폴로니우스는 이아손의 승리를 위해 메데이아가 마법약과 주문을 사용한 것에 초점을 맞춘다. 메데이아는 프로메테우스의 피가 떨어진 곳에서 자라난 식물의 뿌리로 만든 '프로메테우스의 약'을 이아손에게 발라주어 상처를 치유했다(어쩌면 생각했던 것보다 메데이아와 프로메테우스 사이의 상징적 거리가 좁을 수도 있겠다). 또한 메데이아는 양털을 지키는 뱀 역시 주문과 마법약을 사용하여 잠이 들게 했다.

뱀에게 마법약을 먹이는 메데이아가 그려진 푸글리아 루보의 단지, 기원전 4세기.

대체 왜 메데이아는 아버지의 뜻을 배반하면서까지 이아손을 도와주었을까? 이유는 단순했다. 메데이아는 에로스가 쏜 사랑의 화살에 맞아 이아손과 미친 듯이 사랑에 빠진 것이었다. 《아르고호의 항해》를 보면 다음과 같이 메데이아는 갖가지 변덕스러운 행동을 하기에 이른다.

> 오랜 시간 동안 메데이아는 예연실에 남아 있었다.
> 죄책감으로 나갈 수가 없었다. 그녀는 뒤돌더니 다시
> 안으로 들어갔다,
> 그러다 다시 나왔다. 그러더니 다시 안으로 들어가
> 숨었다.
> 그녀는 아무런 목적도 없이 이리저리 왔다 갔다 했다.

아폴로니우스의 유명한 직유법에 따르면 메데이아의 심장은 방금 통에 부은 물이 출렁일 때 수면에 반사되는 햇빛처럼 마구 흔들린다. 이아손에 대한 그녀의 감정 역시 마찬가지로 마구 흔들린다.

> 메데이아는 이아손에게 황소를 무찌를 약을 주려고
> 생각했다가
> 그냥 주지 않고 죽어 버려야겠다고 생각했다가 죽어
> 버리지도 않고

약도 주지 않고 지금처럼 차분하게 슬픔을 견뎌야겠다고 생각했다.

결국 그녀는 죽지 않았고 이아손에게 약을 건네줌으로써 고향을 떠날 수밖에 없었다. 고향을 떠나야 한다는 사실에 화가 났지만 메데이아는 아이아를 떠나서 그리스로 돌아가는 이아손과 아르고호에 올라탔다. 이아손에 대한 메데이아의 사랑은 항해 도중 격렬하다 못해 잔혹하게 변모하는데, 메데이아의 남동생 압시르토스 Apsyrtos를 태운 배가 이아손의 배를 따라잡자 메데이아는 압시르토스를 꾀어낸다. 그 틈을 타 이아손이 압시르토스를 살해했고 메데이아는 이 광경을 외면해버린다. 여기까지가 아폴로니우스 버전이고 더 잔인한 다른 버전에서는 메데이아가 직접 압시르토스를 살해하고 그의 사지를 절단하여 바다에 던지기에 이른다.

많은 고전 속에 등장하는 메데이아 이야기의 특징은 그녀가 자주 동요에 휩싸였다는 것이다. 그녀의 행동은 불안정하고 오락가락하고 혼란스럽다. 또한 이 장소에서 저 장소로 끊임없이 많이 움직인다. 이아손을 따라나선 메데이아는 콜키스를 떠나 아르고호가 항해를 시작했던 이올코스로 다시 향하게 된다.

애초에 아르고호의 항해가 시작된 것은 이올코스 왕국의 복잡한 상황 때문이었다. 펠리아스Pelias 왕은 이복동생이자 이아손의 아버지인 아이손Aison과 왕위 계승 문제를 놓고 다투었다. 이아손이 잠재적인 위협이 될 것이라고 생각한 펠리아스는 이아손에게

코펜하겐 화가, 메데이아가 양을 회춘시키는 모습을 그린 아테네식 물병, 기원전 480-470년.

황금 양털을 가져오라는 불가능한 미션을 내렸다. 이아손이 떠나 있는 동안 펠리아스는 아이손을 협박했고 이에 아이손은 황소의 피를 마시고 자살한다. 이와 다른 버전에서는 아이손이 죽지는 않았으나 펠리아스가 그의 왕위를 찬탈했다고 나오기도 한다.

어느 버전이든 아르고호가 고향으로 돌아오면서 이야기는 다시 시작되고 메데이아의 마법에 초점이 맞춰진다. 메데이아는 펠리아스의 딸들에게 나이 든 아버지를 토막낸 후 약초와 물을 끓인 솥에 넣으면 다시 젊음을 회복할 것이라고 설득한다. 이를 증명하려고 메데이아는 직접 늙은 양을 젊게 만들어 보이기도 한다.

그러나 메데이아는 펠리아스에게 효과가 없는 약초를 골라서 죽인 다음 교묘하게 펠리아스의 딸들이 아버지를 죽인 것처럼 꾸민다. 콜키스에 있는 자신의 가족을 갈가리 찢어놓았던 메데이아는 이제 다른 가족까지 찢어놓기에 이른다. 메데이아는 다시 도망치는 신세가 되어 코린트를 향해 남쪽으로 내려간다.

이후 코린트에서 벌어진 일은 에우리피데스Euripides의 위대한 작품 《메데이아》로 극화되었다. 연극이 시작되고 메데이아는 코린트에 홀로 존재하는 이방인, 그리스인들 사이에서 소외된 이방인으로 등장한다. 이와 대조적으로 이아손은 꽤 잘 지내는 것으로 그려지며 심지어 메데이아를 배반하고 코린트의 왕 크레온Creon의 딸 글라우케Glauce와 약혼까지 한다. 메데이아의 독한 성격과 비범한 능력을 잘 알고 있던 크레온은 메데이아의 두 아들과 메데이아를 추방하려 한다.

익시온 화가, 아들을 죽이는 메데이아가 그려진 캄파니아 암포라, 기원전 340-330년경.

이에 메데이아는 떠날 준비를 위해 하루만 시간을 달라고 크레온을 설득한 후, 이 시간을 이용해 이아손이 사랑하는 모든 것을 파괴할 준비를 마친다. 우선 순진한 두 아들을 시켜서 이아손의 예비 신부에게 황금 왕관과 아름다운 드레스를 보낸다. 글라우케가 왕관을 쓰자 왕관에서 두개골이 부서지는 불이 뿜어져 나왔고 드레스는 독으로 흠뻑 적셔져 있어 입자마자 그녀의 몸을 녹이고 말았다. 죽어가는 딸을 크레온이 울부짖으며 끌어안자 크레온의 몸도 함께 녹아내린다. 이것이 끝이 아니었다. 이아손에게 참을 수 없는 상처를 주기 위해, 자신에 대한 복수로 두 아들이 살해될 것에 대비하여 메데이아는 끔찍한 방법을 실행한다. 스스로 두 아들을 죽여버린 것이다.

두 아들이 왜, 어떻게 죽었는지에 대해서는 몇 가지 버전이 존재한다. 메데이아가 두 아들을 불멸의 존재로 만드는 과정에서 실수로 죽였다고 하는 버전도 있고, 코린트 사람들이 두 아들을 죽였다는 버전도 있다. 어쨌거나 후대에는 에우리피데스 버전이 가장 널리 알려져 있으므로 메데이아는 자식을 죽인 어머니로 영원히 각인되고 만다.

아들을 죽이기 전 메데이아는 다시 한번 내적 동요로 괴로워한다. 그녀는 번갈아 가면서 아이들을 죽이겠다고 결심했다가 마음을 접었다가 다시 마음을 굳게 먹는다. 결정은 결국 하나일 수밖에 없기에, 일단 결정한 대로 아들을 죽이고 나자 그녀는 또 다른 곳으로 도망쳐야만 했다. 메데이아는 뱀이 끄는 전차에 아들들의 시

메데이아가 탈출하는 장면이 그려진 팔리스키 붉은 그림 도자기, 기원전 4-3세기.

체를 싣고 하늘로 날아감으로써 이아손이 아이들과 마지막 인사를 할 기회조차 빼앗아버렸다.

에우리피데스의 메데이아는 이처럼 다가갈 수 없는 신적인 존재이면서 고통스럽게 갈등하는 인간이다. 한편 다른 신화 이야기꾼들은 코린트에서 탈출한 메데이아의 이야기를 계속 이어나가기도 한다. 이후 그녀에겐 두 번의 큰 이동이 더 기다리고 있다. 코린트에서는 홀로 아테네로 이동한다. 이아손에 대한 사랑은 끝이 났고 그에게는 나쁜 기억만 있을 뿐이다.

아테나에 도착한 메데이아는 왕 아이게우스Aegeus에게 후계자가 없자 이를 해결해주는 대가로 아이게우스로부터 은신처를 제공받는다. 메데이아는 어찌나 잘 적응했는지 아이게우스와 결혼하여 메도스Medos라는 이름의 아들을 낳는데, 메도스는 아이의 생존에 아버지보다 어머니가 중심 역할을 한다는 사실을 상징한다. 그러나 테세우스Theseus라는 예상치 못한 젊은 이방인의 등장으로 메데이아는 다시 연쇄 독살범의 멍에를 쓰게 된다. 아이게우스는 알아차리지 못했으나 메데이아는 테세우스가 아이게우스의 숨겨진 아들이라는 사실을 알게 된다.

이후 잠재적인 위협이 될 테세우스를 제거하는 계획이 수포로 돌아가자 메데이아는 다시 콜키스로 이주한다. 고대 그리스의 신화기록가인 아폴로도로스Apollodorus에 따르면 메데이아는 아버지인 아이에테스가 큰아버지 페르세스Perses에 의해 제거되었다는 사실을 알고 페르세스를 살해한다. 이로써 콜키스 왕국을 어렵게 되찾아 다시 아버지에게 바친다. 원점으로 돌아온 것이다. 결국 메데이아의 종착지는 그녀가 출발한 콜키스였다. 메데이아 신화의 다른 버전에 의하면 어쩌면 콜키스가 아닐지도 모른다. 사후에 엘리시움 들판에서 아킬레스Achilles와 혼인했다는 버전도 있다. 물론 메데이아가 반은 신이므로 죽을 수 없다는 주장에 반박할 수는 없지만. 그리스 신화는 항상 여러 버전이 존재하게 마련이다.

메데이아 신화를 마무리 짓기 전에 큰 그림을 그려보는 것도 의미가 있을 것이다. 이 신화를 관통하는 중요한 두 가지 테마는 반복되는 이주로 인한 감정적인 압박과 배신으로 인한 고통이다. 이보다는 덜 두드러지지만 앞선 두 가지 테마만큼 중요한 주제는 세대를 넘어선 남성들 사이의 계승이다. 아이손과 펠리아스, 아이에테스와 페르세스 사이의 왕위 계승을 둘러싼 갈등과 아이게우스를 계승할 후계자가 메도스인지 테세우스인지 결정되는 과정에서의 충돌 말이다.

이 테마 안에서 굳건히 존재하는 한 가지가 있다면, 그것은 마법의 힘으로 원하는 것을 얻었던 강하고 위험한 여성의 이미지다. 메데이아가 행한 일들로부터 단순한 교훈을 얻는 것은 불가능하다(그리스 신화 중에 교훈을 주는 이야기가 있기는 한가). 다만 하나의 사실에 주목할 만한데 메데이아는 그녀의 폭력적이고 무자비한 행동에도 불구하고 명백한 처벌을 받지 않는다.

이는 여러 가지로 해석될 수 있다. 메데이아의 신적인 우월함을 강조하는 측면으로 보자면 신은 인간의 도덕 영역 밖에 존재하므로 처벌을 받을 수 없다는 결론이 나온다. 인간이었다면 필연적으로 처벌받았을 행동이지만 신이기 때문에 처벌받지 않을 수 있다는 것이다. 반대로 메데이아의 인간적인 측면으로 보자면 지극히 현실적인 결론이 나온다. 현실 세계에서 모든 범죄가 처벌받는 것은 아니라는 사실을 일깨워주었다는 것이다.

어찌 되었든 메데이아는 다른 사람을 조정하는 능력에도 불구하고 계속되는 이주로 인해 심리적으로 계속 고통받았다. 메데이아는 회복탄력성이 강하고 지략이 뛰어났으며 자기기만이 심하고 위험한 성격이었으나 한편으로는 상처받기 쉬운 인물이었다. 모두의 이목을 끄는 아웃사이더라고 할까. 자극과 모순의 혼합체로 황홀한 상상력의 근원이 될 요소가 충분했다.

로마인들에게 메데이아는 신화 속 인물 중 가장 감성적으로 그려진 인물로 매우 호소력 있는 캐릭터로 인식되었다. 특히 오비디우스는 메데이아에 대해 반복적으로 이야기하는데, 그중 유명한 것이 작품집 《헤로이데스》에 수록된 메데이아의 편지다. 이는 오비디우스가 허구로 만들어낸 내용으로 메데이아가 이아손에게 보냈다는 설정 하에 쓰였다.

이 외에도 비극 작가 세네카Seneca 역시 메데이아를 주인공으로 훌륭한 작품을 남겼다. 세네카는 그녀의 잔인함과 괴로움을 부각시키며 에우리피데스를 능가하는 실력을 보인다. 세네카의 작품은 메데이아가 전차를 타고 날아가면서 자식들의 시체를 이아손에게 던지는 장면으로 끝을 맺는데 이때 이아손은 이렇게 외친다.

> 저 높은 하늘 드높은 창공을 향해 날아가라, 그리고 증언하라,
> 네가 가는 곳에, 신은 존재하지 않는다는 사실을.

여기에 메데이아의 또 다른 모순이 있다. 이처럼 평범하지 않은 방식으로 탈출할 수 있다는 사실은 그녀에게 신적인 능력이 있

아들을 죽이려고 고민하는 메데이아가 그려진 폼페이 디오스쿠리의 집, 62-79년.

다는 사실을 암시한다. 메데이아가 연극의 초반부에 주술, 지옥, 대지의 여신인 헤카테Hecate를 숭배하는 모습도 마찬가지다. 세네카의 작품 속 이아손은 신이 존재하지 않는다고 말할 수 있지만 진실은 그리 단순하지 않을 수 있다.

메데이아는 로마 시대 회화를 통해서도 형상화되었다. 흥미롭게도 로마 시대 가정집에는 의외로 살기 띤 눈빛의 메데이아 그림을 꽤 많이 두곤 했다. 이 시대 회화를 해석하는 방법 중 하나로서, 남성 중심적 사고를 바탕으로 위험한 여자가 통제를 벗어났을 때 벌어지는 일을 주의하라는 메시지로도 볼 수 있다.

삶을 개척하고 발전시키다

중세와 르네상스 시대의 재창조된 이야기는 그리스·로마 시대의 메데이아 신화를 더욱 다양하고 복잡하게 만들었다. 새로운 버전에서는 방점을 어디에 찍느냐에 따라 신화의 의미가 예상 밖으로, 때때로 모순적인 방향으로 전개되기도 했다.

13세기 후반 토스카나와 베네치아 버전의 메데이아 신화를 살펴보자. 콜키스에서 돌아오는 길에 이아손은 메데이아를 외딴 섬에 남겨두고 떠나버린다. 그러나 이야기는 전혀 다른 전환을 맞는다. 이아손이 쌍둥이를 임신한 메데이아를 버렸지만 메데이아는 그 누구의 도움도 없이 쌍둥이를 낳고 3년 동안 나무뿌리와 풀로 연명하면서 살아남는다.

　마침내 지나가던 배가 그녀를 구해서 이아손이 현재 결혼해서 살고 있는 곳에 데려다준다. 이때부터 시작된 메데이아의 끔찍한 복수는 상상을 초월한다. 쌍둥이를 죽이는 것으로는 성에 차지 않자 그녀는 이아손을 속여 아이들의 심장을 먹게 하고, 신체를 절단하여 이아손 방문에 못 박아 걸어놓는다. 메데이아의 행위는 잔인했으나 그녀 역시 자식을 죽인 데 따르는 트라우마로부터 자유로울 수 없었다. 결국 메데이아는 또 다시 도망치듯 떠나는 것을 거부하고 칼날에 몸을 던져 스스로 목숨을 끊는다.

　이러한 베네치아 버전의 메데이아를 중세 유럽을 통틀어 가장 매혹적인 작가 중 한 명인 크리스틴 드피잔Christine de Pizan이 그린 여성과 비교해보기 바란다. 베니스에서 태어나서 궁정 천문학자로 임명된 아버지를 따라 파리로 이주한 크리스틴은 뛰어난 문학적 재능을 바탕으로 현대 페미니즘의 선구자가 되었다. 그녀는 반복해서 메데이아라는 주제를 다루었는데, 크리스틴에게 메데이아는 단순히 작품 속 인물을 떠나서 여성으로서 깊이 공감할 수 있는 인물이었다.《숙녀들의 도시에 대한 책》을 보면 이 부분이 다음과 같이 명확히 드러난다.

　　　큰 키와 날씬한 몸, 매우 사랑스러운 얼굴의 빼어난
　　　미인인 메데이아는 콜키스의 왕 아이에테스와 그의
　　　아내 페르세의 딸이었다. 배움에 있어서 그녀는 다른

모든 여자들을 능가했다. 그녀는 모든 식물의 특성을 알았고 어떠한 주문에 어떠한 식물을 써야 할지도 잘 알았다. 이뿐만 아니라 모든 분야의 예술까지 통달했다. 왕의 딸인 메데이아는 이아손의 멋진 외모, 고귀한 혈통, 훌륭한 평판에 반했고 그가 자신의 좋은 배필이라 생각했다. 메데이아는 자신의 사랑을 증명하기 위하여 그를 죽음으로부터 구해냈고 깊은 연민으로 그와 같은 기사가 어떠한 해를 입는 것도 용납할 수 없었다. 그녀는 그와 오랜 시간 대화를 나누면서 그가 황금 양털을 성공적으로 손에 넣는 데 도움이 될 다양한 마법과 주문을 알려주었다. 이에 대한 보답으로 이아손은 그녀 외에는 그 누구도 아내로 삼지 않을 것이라고 약속했고 그녀를 영원히 사랑하겠다고 맹세했다. 그러나 이아손은 그 맹세를 저버렸다. 모든 일이 그가 계획한 대로 풀리자마자 그는 메데이아를 버리고 다른 여자를 택했다. 그렇다고 메데이아는 그에게 거짓 속임수를 쓰고 싶지 않았다. 그러느니 차라리 자신의 사지를 갈기갈기 찢었을 것이었다. 극심한 절망에 빠진 메데이아는 남은 일생 동안 어떠한 행복도 기쁨도 느끼지 못했다.

신화 이야기꾼이 선택하는 특정한 에피소드를 통해 이야기 속 인물은 특정한 이미지를 갖는데 메데이아는 독특하게 역동적으로 그려진다. 이러한 에피소드 의존성은 르네상스 시대의 주요한 시각 예술 매체였던 카소네cassone에서 특히 두드러지게 나타난다. 카소네는 신부의 혼수품이 들어 있는 일종의 석재 함인데, 15세기 피렌체에서는 결혼식 절차의 하나로 이 함이 신부의 집에서 신랑의 집으로 운반되었다.

놀랍게도 카소네에 흔히 새겨진 그림의 주제 중 하나가 이아손과 메데이아 이야기였다. 메데이아 신화 중에는 곧 부부가 될 남녀의 미래에 불안을 주는 에피소드가 수두룩함에도 특별히 이아손과 메데이아의 결혼식 장면만은 왕의 딸과 기사도 넘치는 젊은 영웅 사이의 결합이라는 창창한 미래를 상징했다. 비아지오 단토니

비아지오 단토니오, 〈이아손과 메데이아의 약혼〉, 1486년경.

오Biagio d'Antonio가 그린 이아손과 메데이아처럼, 서로의 손을 맞잡고 미래의 축복이 예견되는 부부의 이미지 말이다.

물론 그렇다고 메데이아의 어두운 면이 잊힌 것은 아니었다. 비아지오의 그림보다 살짝 앞서는 시기, 15세기 부르고뉴 공작 필리프 3세 시절 제작된 라울 르페브르Raoul Lefèvre의 책 속 삽화에는 메데이아의 악독한 모습이 고스란히 담겨 있다. 그중에는 젊음을 되돌리기 위한 의식의 전조로 메데이아가 아이손의 머리에서 피를 뽑는 그림도 있다.

라울 르페브르, 〈아이손의 피를 뽑는 메데이아〉,《부르고뉴와 브라반트 공작인 귀하고 황공스러운 필리프 왕자가 소개한 몇 권의 책에서 발췌한 이아손의 역사》의 삽화 중, 15세기.

그런가 하면 압시르토스의 절단된 신체 일부가 아르고호와 콜키스인들의 배 사이로 바다 위를 흉측하게 떠다니고 있는데 헤아리기 어려운 표정의 메데이아가 그 장면을 지배하고 있는 그림도 있다.

라울 르페브르는 이아손을 찬양하고 그에 대한 비난으로부터 이아손을 변호하기 위한 목적으로 책을 썼다. 책은 이아손이 메데이아를 사랑한 것은 주술 때문이었고 이아손은 메데이아의 사악함 때문에 떠날 수밖에 없었다고 주장한다. 이 책이 만들어진 시기

라울 르페브르, 〈사지가 절단된 압시르토스〉, 《부르고뉴와 브라반트 공작인 귀하고 황공스러운 필리프 왕자가 소개한 몇 권의 책에서 발췌한 이아손의 역사》의 삽화 중, 15세기.

외젠 들라크루아, 〈메데이아〉, 1838년

프레더릭 샌디스, 〈메데이아〉, 1866-68년.

조르주 모로 드투르, 〈딸들에게 살해당한 펠리아스〉, 1878년.

에, 부르고뉴 공작 필리프 3세는 황금 양털이라고 명명한 기사단까지 창설하였기에 이아손의 명예가 지켜져야 했을 것이다.

메데이아 신화를 표현한 그림은 현재에 이르기까지 계속 제작되고 있다. 그중 주목할 만한 작품을 꼽자면 외젠 들라크루아Eugène Delacroix가 1838년에 그린 유화일 것이다. 그림 속에서 메데이아는 갈등에 휩싸인 어머니의 모습으로, 자식들을 보호하기 위해 끌어안고 있지만 동시에 아이들의 목숨을 끊기 위해 단검을 손에 쥐고 있다.

그로부터 30년 후 프레더릭 샌디스Frederick Sandys는 정신 나간 눈동자로 홀로 있는 여자 마술사가 정체를 알 수 없는 액체를 화덕에 붓고 있고 곁에는 두꺼비와 용이 있는 그림을 그렸다.

19세기 후반 화가 조르주 모로 드투르Georges Moreau de Tours의 〈딸들에게 살해당한 펠리아스The Murder of Pelias by his Daughters〉를 보자.

이 작품에서는 속임수에 빠진 딸들이 불쌍한 노인을 칼로 찔러 다시 젊게 만들려고 애쓰는 모습이 여실히 나타난다. 딸들 중 한 명은 당연하다는 듯 나체로 그려져 있다. 아주 오래 전부터 정당화된 이러한 성적 자극을 얼마나 많은 유럽의 작품들이 활용했는지 놀라울 따름이다. 그림의 우울한 배경에는 이 장면을 지켜보고 있는 악의에 찬 메데이아가 있다.

알폰소 무하, 파리 르네상스 극장에서 열린 사라 베른하르트의 공연 포스터, 1989년.

무대와 스크린에서 빛나는 이단아

메데이아 신화는 무엇보다 무대 위 연극에서 가장 빛을 발한다. 에우리피데스의 비극이 미치는 영향과 이에 더해진 세네카의 각색 덕분이다. 에우리피데스와 세네카의 연극은 후기 르네상스 시대에 시작된 신화의 재해석에 가장 큰 영향을 미쳤다. 메데이아 신화를 다룬 극작가들의 면면은 화려하다. 피에르 코르네유Pierre Corneille, 프란츠 그릴파르처Franz Grillparzer, 장 아누이Jean Anouilh와 그 밖의 수많은 극작가들, 오페라와 발레 음악 작곡가들 및 다양한 장르의 음악가들까지, 모두 에우리피데스의 작품 속 인물들 간의 파괴적인 갈등에서 영감을 받았다.

역사, 특히 유럽 문화가 주로 남성이 주도한 까닭에 메데이아 신화를 재창조한 예술가들은 대다수가 남성이었다. 그러나 최근 몇십 년간 눈에 띄는 변화가 있었고 이는 특히 희곡 분야에서 두드러졌다. 페미니즘의 발전에 발맞추어 여성 작가들이 메데이아로부터 젠더, 가부장적 권력, 소외 문제를 대표할 아이콘을 발견한 것이다. 특히 아일랜드와 이탈리아에서 이런 변화가 적극적으로 이루어졌다.

1998년 10월, 관객들이 E. M. 포스터상을 수상한 마리나 카Marina Carr의 희곡 〈고양이 늪By the Bog of Cats〉의 초연을 보기 위해 더블린 애비 극장에 모인다. 아일랜드 특유의 정취가 가득한 이 작품의 주인공 헤스터 스웨인은 여행자이자 이방인이다. 그녀는 14년째 카시지 킬브라이드와 함께 살고 있고 그와 일곱 살 된 딸을 두고 있다. 카시지는 마흔 살이 된 헤스터를 버리고 스무 살짜리 부유한 지주의 딸과 결혼할 계획이다. 헤스터의 복수는 카시지의 집을 불태우는 것으로 시작해서 엄마에게 버림받을 딸을 보호하기 위하여 딸을 칼로 찔러 죽이는 모순적인 범죄로 끝이 난다. 이 작품은 명백히 에우리피데스의 비극에 기반하고 있지만 결말은 훨씬 급진적이다. 변화와 이동을 택하는 대신 자살을 선택함으로써 헤스터는 자신의 운명을 영원히 고정시켜버린다.

카의 작품을 두고 '메데이아에 대한 여성의 시각'이라고 소개하는 것은 지나치게 폄하적인 태도다. 메데이아를 재창조한 여성 작가들의 수만큼 다양한 버전의 '여성이 본 메데이아'가 존재하기 때문이다.

분위기와 줄거리 측면에서 카의 작품과 극명한 대비를 이루는 작품으로 이탈리아의 저널리스트이자 극작가인 마리클라 보기오 Maricla Boggio의 1981년작 〈메데이아〉가 있다. 보기오는 에우리피데스와 세네카의 전통성을 단순히 따르는 것에 그치지 않고 주인공이 후기 고전주의 시대 사람들이 읊었던 메데이아의 대사를 여러 번 인용하면서 전통 자체를 출발점으로 한다.

보기오의 관점은 1980년대 페미니즘 운동의 시각을 띤다. 보기오의 메데이아는 남편의 배신에 분노하여 젊은 내연녀를 죽이는 것이 아니라 그녀와 연대를 맺는 방식으로 대응한다. 에우리피데스의 작품에서처럼 남편의 애인에게 드레스를 선물하지만, 몸이 녹아내리는 독극물로 적셔진 드레스가 아니라 멀쩡하고 아름다운 드레스다. 드레스는 두 여성 간의 애정을 상징하는 물건이 되고 이 애정 어린 관계는 다른 여성들에게도 확산되어 다음과 같이 묘사된다.

>나는 당신에게 드립니다.
>이것은 즉흥적인 선물이고
>즉흥적으로 받아들여졌지요.
>당신은 청바지를 입고 있었는데, 그 위로
>하얀 드레스를 걸쳤지요.
>그러자 당신은 바로 소녀가 되어,
>기쁨에 겨운 춤을 추었어요.
>다른 여자들도 함께 춤을 추며 노래했지요.

이는 에우리피데스, 세네카를 비롯한 다른 고대 작품뿐 아니라 현대 작품과 비교해도 확연히 다른 결말이다. 그럼에도 한 가지 공통점이 있다면 그것은 새로운 관점에서 본 메데이아의 이동성이다. 보기아의 메데이아는 심리적으로 움직이고 성장한다. 작품 속 메데이아는 남편인 이아손의 관심이 자식에게 옮겨가는 것을 방지하고자 반복적으로 낙태를 했던 것으로 나온다. 이제 그녀는 남성에게 사랑받지 못할까 봐 전전긍긍하는 염려를 버리고 여성 간 연대를 최우선 순위로 두고 이에 더해 자신의 자식을 죽이는 행동을 거부한다. 여러모로 보기오의 작품은 그리스 신화가 여전히 논쟁의 중심에 놓일 수 있다는 사실을 확인시켜준다.

카와 보기오같이 메데이아 신화를 재창조한 작품들에서는 메데이아가 가진 여신의 면모는 현실의 이야기 속에서 설 곳이 없다. 그러나 초인간적인 메데이아의 비범한 능력을 유령과 같은 인물로 해석한 현대의 이야기는 존재한다. 가장 적극적인 매체는 영화이고 대표작으로 스페인 출신 알레한드로 아메나바르Alejandro Amenábar가 감독한《디 아더스The Others》를 꼽을 수 있겠다.

영화의 시대적 배경은 제2차 세계대전이 끝난 직후, 외딴 섬에

알레한드로 아메나바르,《디 아더스》영화 스틸컷, 2001년.

위치한 저택이 배경이다. 주인공 그레이스는 남편이 전쟁에서 돌아오지 않았기 때문에 홀로 어린 남매를 돌보아야 한다. 자식들에겐 햇빛 알레르기가 있어 돌보기가 더욱 힘들다. 그들이 사는 집은 유령이 돌아다니는 귀신 들린 집처럼 보인다. 영화 마지막 즈음, 실제 유령은 그레이스와 그녀의 어린 자식들이었고 유령인 줄 알았던 침입자들은 그 집에 새로 이사 온 평범한 주인 가족이라는 사실이 밝혀진다.

그레이스의 자식들이 유령이 된 이유는 신화와 유사하다. 그레이스가 아이들을 목 졸라 죽였기 때문이다. 그러나 고전 속 메데이아 이야기와 확실한 차이점이 있는데, 그레이스가 남편에게 복수하려는 욕망 또는 자식들을 보호하려는 목적으로 아이들을 죽인 것이 아니라 절망과 우울로 인해 자식들을 죽인 것으로 나온다(영화 속 그레이스의 딸이 "우리 엄마가 미쳤어요!"라는 대사가 의미심장한 이유다). 자식들을 죽인 후 결국 그레이스도 자살한다.

이후 그들은 저택을 떠나지 못하고 유령이 되었다. 이 상황은 그레이스에게 자식들을 돌볼 두 번째 기회가 되었고 그레이스는 자식들의 행복과 교육에 관심을 쏟는 신앙심 깊은 엄마 역할을 해낸다. 이에 더해 고전 속 메데이아와 차별화되는 두 번째 차이점이 드러난다. 그레이스는 이주하려는 의사, 즉 집을 떠날 의사가 전혀 없다. 오히려 그레이스는 그녀와 자식들은 절대 이 집을 떠나지 않을 것이라고, 이 집이 그들이 속한 곳이라고 단언하면서 영화가 끝난다.

더욱 공포스럽게 유령의 존재를 그린 영화로 마이클 차베즈Michael Chaves의 2019년작 《요로나의 저주The Curse of La Llorona》가 있다. 바람피운 남편에게 복수하기 위해 자식들을 물에 빠뜨려 죽이고 자신도 따라 죽은 여자에 대한 멕시코 전설을 기반으로 만들어진 영화다. 이후에 여자는 사악한 혼령으로 부활하여 다른 여자들의 자식들을 살해한다. 메데이아 신화가 자식을 잃은 후 어린아이를 잡아먹는 괴물로 변한 전설 속 여자 이야기와 섞였다고 할 수 있다. 《디 아더스》에서와 마찬가지로 메데이아를 상징하는 인물은 저승에서 돌아온 망령인데 그녀 역시 아이들을 죽인 후 다른 곳으로 이주하지 않고 같은 지역에 계속 머문다.

이렇듯 현대판 메데이아 이야기는 차고 넘친다. 여기서 한 가지 주목할 만한 사실이 있는데, 현대의 이야기에서는 메데이아 신화 중 자식을 죽인 부분이 유독 부각되는 경우가 많다. 게다가 이들에게 자신의 행동을 정당화시킬 이유가 확실하기 때문에 사람들을 자극적으로 매혹시키는 훌륭한 수단이 된다.

노벨문학상과 퓰리처상을 수상한 작가 토니 모리슨Toni Morrison의 불편하고 논쟁적인 작품 《빌러비드Beloved》도 그렇다. 1987년 출간 후 소설이 탈 수 있는 거의 모든 상을 수상한 작품이다. 주인공 세서는 흑인 여성 노예로, 어린 딸이 자신처럼 노예로 살게 하지 않으려고 딸의 목을 베어 죽인다. 이후 그녀 곁에 빌러비드라고 불리는 초자연적인 존재가 등장하는데 바로 죽은 딸이 환생한 것이다. 이 소설의 호소력 짙은 현실주의는 역사적 사실에 기초한다.

토머스 세터화이트 노블, 〈모던 메데이아〉, 1867년

19세기 미국 노예 농장을 탈출한 흑인 여성이 다시 붙잡히자 자신의 불행한 삶이 대물림되는 것을 막고자 자신의 어린 딸을 살해하고 만다.

지금까지 메데이아의 여정을 따라가는 노력은 대부분 다양한 예술 매체를 통한 메데이아 신화의 재창조에 초점을 맞추었다. 예술이 아니어도 학계에서는 메데이아에 대한 연구가 꾸준히 이뤄지고 있다. 영국의 고전학자인 퍼트리샤 이스털링Patricia Easterling과

에디스 홀Edith Hall 역시 영아 살해의 사회적, 법적 사실관계에 대한 현대의 통계학적 연구가 어떻게 자녀를 살해한 메데이아 신화를 설명하고 또 반대로 메데이아 신화에 의해 설명되는지 참신하게 보여준 바 있다.

이스털링은 메데이아의 행동이 정상적이지도 않고 문명과도 거리가 멀다는 몇몇 고전학자들(주로 남성들)의 주장이 빈약하다는 사실을 증명했다. 통계가 이와 반대되는 결과를 보여주었기 때문이다. 관련된 연구 데이터를 보면 유아는 21세기에도 여전히 살인 피해자 중 꽤 많은 비율을 차지했다. 가해자는 대부분 부모였는데 어쨌거나 현대 사회에서도 자식을 죽이는 부모가 여전히 적지 않다는 뜻이다.

물론 그리스 신화는 유연하고 가변적인 부분이 많아서 서술되는 맥락과 서술자의 목적에 따라 대단히 넓은 의미를 전달할 수 있다. 모든 메데이아 신화가 영아 살해를 의미하는 것이 아니다. 메데이아는 언제든 우리가 불러낼 수 있는 이름이지만 매번 살인이나 영아 살해와 연결할 필요는 없다.

예술이든 학술 분야든 혹은 상업적 용도든 그리스 신화 속 이름들은 그 깊은 아우라 때문에 다양한 목적으로 소환되곤 한다. 이탈리아 출신 쌍둥이 디자이너 줄리아 벤투리니Giulia Venturini와 카밀라 벤투리니Camilla Venturini의 메데아 백도 그런 의미의 네이밍일 것이다. 메데아 가방은 소비자에게 위험한 전율을 주면서 여성의 지위가 강화되었다는 느낌을 전달한다. 실제로 광고 사진의 모델 역

피에르 파올로 파솔리니,《메데이아》영화에 출연한 마리아 칼라스, 1969년.

시 메데아라는 브랜드의 정체성을 보여주기라도 하듯 피에르 파올로 파솔리니Pier Paolo Pasolini 감독의《메데이아》속 마리아 칼라스와 비슷한 모습이다.

배경과 목적이 무엇이든 광고의 이미지는 메데이아라는 브랜드가 소비자들에게 잘 팔리고 있다는 사실을 증명한다. 더 중요한 것은 그 이미지가 희망컨대 우리를 생각하게 만든다는 것이다.

3
비운의 재능과 무모한 열정의 파국
다이달로스와 이카로스
Daedalus and Icarus

프로메테우스는 신이고 메데이아 역시 반은 신이다. 이와 대조적으로 이번에 살펴볼 두 명의 신화 속 인물은 많은 약점을 지닌 인간이지만 둘 중 나이가 많은 쪽은 인간치고 놀라운 능력을 가졌다. 두 인물은 다이달로스와 이카로스로, 부자지간인 이 둘의 관계가 이카로스 신화의 중심축이 된다. 부자 사이에는 강한 정서적 유대감이 있었으나 아들의 추락을 촉발시킨 긴장감도 함께 존재했다. 다이달로스는 이카로스와 달리 풍부하고 다양한 신화적 약력을 보유한 인물이지만 상징적으로 대중에게 더 깊이 각인된 쪽은 다이달로스가 아닌 이카로스다.

다이달로스는 건축가이자 동상 제작가로 이름을 날렸다. 다이달로스라는 이름은 '똑똑하게 또는 예술적으로 만들어진'이라는 의미다. 그의 천재적인 능력은 헤파이스토스, 아테나, 프로메테우스와 같이 뛰어난 장인의 솜씨를 지닌 신과 비교해도 뒤지지 않았다. 다이달로스는 아테네 태생이었으나 어떤 이유로 고향을 떠나 크레타로 이주할 수밖에 없었다. 이후로도 그는 나폴리 근처 큐메 혹은 시칠리아로 한 번 더 도망쳐야 했는데 이곳에서도 그의 예술적 천재성은 계속 빛을 발했다. 한 지역에 국한되지 않고 그리스 문명이 전파된 세계 각 지역에서 다이달로스의 작품들이 발견되는 것을 보면 그렇다. 이집트는 그에게 영감의 원천이 되는 곳이었는데 파라오의 무덤이 다이달로스가 크레타에서 설계한 미로에 영향을 주었다는 주장이 있다. 다이달로스가 사망한 장소와 원인은 확실하지 않지만 아테네 귀향이 그의 마지막 여행이었다는 단서는 있다.

다이달로스의 다양한 재능, 계속되는 이동과 대조적으로 이카로스의 이야기는 단순하다. 고대 신화 이야기꾼들은 이카로스의 어린 시절이나 성인이 된 후(이카로스는 성인 시절을 보냈다고 할 만큼 오래 살지 못했다)에 대해 관심이 없었다. 유일한 관심사는 이카로스가 청소년기에 아버지를 따라 크레타를 탈출했던 무모한 행각 하나였다. 메데이아가 뱀이 이끄는 전차를 타고 하늘을 나는 것이 그녀의 무수한 행적을 함축하는 일종의 상징이듯, 이카로스가 하늘을 나는 것은, 혁명적이지만 결과적으로는 치명적인 결과를 가져온 아버지의 발명을 상징했다.

천재인 아버지와 추락하는 아들

모든 고전 신화는 그 신화가 언급된 고대 원전에 따라 이야기가 서로 다 다르다. 현대 신화 사전이나 인터넷 정보에서처럼 각 신화가 매끄럽고 일목요연하게 정리되어 있는 것에 익숙하다면 놓치기 쉬운 부분이다. 다이달로스와 이카로스의 경우, 에피소드별로 최대한 다양한 원전을 검토하여 하나로 짜맞추어야 한다.

먼저 위대한 고대 시인들의 작품에서 이들 부자가 몇 번 간단하게 언급되고 있다. 《일리아스》에서 호메로스는 다이달로스가 크레타의 공주 아리아드네를 위해 만든 원형의 무도회장을 언급하는데, 이를 통해 이미 기원전 8~7세기부터 다이달로스가 크레타 왕족들과 친분이 있는 유명 건축가였음을 알 수 있다. 고대 로마 시인인 베르길리우스Vergilius의 저서 《아이네이스》를 보면, 다이달로스가 미노타우로스Minotaur와 관련된 장면들로 장식된 신전을 짓는 가슴 아픈 장면이 있다. 베르길리우스는 다이달로스가 이카로스의 추락을 금으로 조각하려고 했으나 슬픔에 빠진 나머지 손에 힘이 없어서 작업을 할 수 없었다고 덧붙였다. 다음 원전은 2세기경에 쓰인 파우사니아스Pausanias의 그리스 여행기다. 파우사니아스가 다양한 지역에서 본 인상 깊은 유물을 언급한 부분에서 다이달로스가 조각했다고 전해지는 고대 나무 조각상에 대한 기록이 있다. 동시에 이를 조각한 다이달로스의 신화적인 이야기에 대한 단편적인 정보들도 함께 기록되어 있다.

기원전 1세기에 활동한 시인 디오도로스Diodorus가 저술한 방대한 분량의 《세계의 역사》를 보면 더 실질적인 내용을 확인할 수 있다. 이 책은 그리스 신화와 그 밖의 지역의 신화에 대한 설명으로 시작하는데, 시작 부분에서 다이달로스에 대한 많은 내용을 언급한다. 디오도로스가 다루었던 주제 중 하나는 철학자, 정치인, 신화 속 인물 등의 여행객들이 이집트 여행에서 얻은 지식이었고 다이달로스도 그중 한 명이었다. 고대 이집트 도시인 멤피스에서 다이달로스가 헤파이스토스 신전 일부를 지었는데 그중에 손수 자신의 모습을 조각한 목상이 있다. 부릅뜬 두 눈과 실제 걷는 것처럼 두 팔과 다리를 벌리고 있는 모습이 놀랍도록 사실적이라는 점에서 다른 조각상과 확연히 구분된다. 그만큼 다이달로스의 예술적 재능은 타의 추종을 불허했다.

아무리 천재라도 다른 사람의 재능을 시기하면 약점이 드러날 수밖에 없다. 다이달로스 밑에서 수련했던 그의 조카 탈로스Talos는 기발한 도구 세 가지, 도예가의 돌림판, 톱니 모양의 톱, 원을 그리는 컴퍼스를 발명함으로써 스승의 입지를 위협했다. 시기와 질투에 사로잡힌 다이달로스는 어린 조카이자 제자를 죽였고(아크로폴리스 절벽에서 밀어버렸다는 설이 있다) 이후 아테네 법원에서 형을 선고받았다.

그러나 메데이아를 비롯하여 신화 속 살인을 저지른 자들처럼 다이달로스는 아테네를 탈출하는 데 성공했고 크레타로 이주하여 계속 활동을 이어 간다. 그는 크레타에서 미노스Minos왕과 그의 아내 파시파에Pasiphae가 지시한 두 가지 엄청난 과업을 수행한다. 먼저 파시파에를 위해 암소 모형을 제작하는데, 이는 파시파에가 포세이돈이 신성시하는 아름다운 황소의 자식을 임신하고 싶어했기 때문이었다(그녀의 기괴한 욕망은 포세이돈이 내린 형벌로 인한 것이었으니, 미노스왕이 아름다운 황소를 포세이돈에게 제물로 바치기를 거부하자 포세이돈이 분노했기 때문이다). 이렇게 태어난 자식이 바로 황소와 인간이 반씩 섞인 사나운 반인반수 미노타우로스다. 미노스 왕은 다이달로스가 크레타에서의 두 번째 과업으로 디자인한 난공불락의 미로 안에 미노타우로스를 숨겨버린다. 미노스는 파시파에의 불가해한 행동을 도운 다이달로스에 대해 여전히 화가 나 있었다.

이후 이웃 나라 아테네의 왕자 테세우스가 크레타에게 더 이상 조공을 바치지 않기 위해 미노타우로스를 제거하자 다이달로스는 아들 이카로스를 데리고 크레타를 황급히 떠나야 했다. 디오도로스는 부자가 어떻게 도망쳤는지에 대해 반대되는 두 버전을 모두 기록했다. 하나는 배로 도망을 쳤는데 이카로스가 갑판에서 떨어져서 익사했다는 설(설득력 있으나 지루하다)이고, 다른 하나는 하늘을 날아 도망쳤다는 설(훨씬 흥미진진하다)이다.

다이달로스는 배를 타고 탈출할 수 없게 되자,

영리하게 설계하여 왁스로 완벽하게 접합시킨,

놀랍도록 독창적인 날개를 만들어서

자신과 아들의 몸에 붙들어 맨 후

날개를 펼치고 모두가 놀라는 틈을 타

크레타섬 주변 대양 위를 날아서 탈출했다.

이카로스는 젊은이의 그릇된 열정으로 너무 높이

오르는 바람에

날개에 깃털을 붙인 왁스가 태양에 녹아 바다로

떨어졌으나,

다이달로스는 해수면 위로 가까이 날면서 반복적으로

날개를 적셨고

무사히 목적지인, 이 이야기를 전달하면서 아직도

신기한, 시칠리아에 도착했다.

    디오도로스의 기록은 대담한 서술에 비해 이 신화의 감동적인 부분을 대부분 생략하고 말았다. 다이달로스의 굴곡진 인생과 타오를 듯한 에너지, 날 것의 감정이 선사하는 클라이맥스를 느끼기 위해서는 오비디우스의 격정적인 운문을 들여다보아야 한다.

    이카로스의 죽음에 대한 두 편의 글로 오비디우스는 다이달로스와 이카로스 신화의 토대를 만드는 결정적인 역할을 했다. 《사랑의 기술》에서 오비디우스는 크레타 창공으로 날아오른 다이달로스의 탈출을 시의 전반적인 주제와 연결한다. 시인에 따르면 일단

내 여자를 잡았다면 그건 전투의 반만 이긴 것이다. 그녀를 붙잡아 두는 일이 남아 있기 때문이다. 이는 쉬운 일이 아닌데 사랑의 신인 아모르Amor는 미노스가 붙잡으려다가 실패한 다이달로스처럼 쉽게 도망가기 때문이다. 아모르와 다이달로스의 연결고리는 단순하다. 날개가 그것이다. 차이점이 있다면 아모르의 날개는 태어날 때부터 있었던 신체의 일부지만 다이달로스의 날개는 만든 것이라는 사실이다. 다음은 《사랑의 기술》에서 소개한 신화의 일부다.

> 필요는 발명의 어머니라지만 인간이
> 하늘을 날 수 있을 것이라고 누가 생각했겠는가?
> 발명가는 깃털을 일렬로 배열한 후 그 섬세한 구조물을
> 아마실로 동여매어서 새의 날개와 동일한 날개를
> 창조했다.
> 그런 다음 깃털의 아랫부분을 왁스를 녹인 물에
> 담금으로써
> 서로 단단하게 고정했다.

한편 오비디우스의 천재성이 집약된 《변신 이야기》에도, 아들의 충동을 눌러버리려고 했으나 실패하고 만 아버지 다이달로스의 이야기가 다음과 같이 등장한다.

'이카로스, 너에게 충고한다'라고 말했다.

'땅과 하늘의 중간 높이에서 날아라, 너무 높이 날면
태양이 깃털을 태워버릴 것이고, 너무 낮게 날면
물이 날개를 무겁게 할 것이다. 이 둘 사이로 날아라…'
때는 주노가 신성하게 여기는 사모스섬이 왼편에
보이고,
델로스와 파로스는 이미 뒤로 지나간 다음…
소년 이카로스가 창공을 향해 솟아오르는 스릴을
즐기기 시작했다.
창공을 향한 열망에 이끌려, 이카로스는 아버지의
조언을 져버리고
위로 솟구쳐 올라 뜨겁게 타오르는 태양에 너무
가까이 다가갔고,
태양열로 날개를 붙들어 매고 있는 달콤한 향의
왁스가 부드럽게 풀어졌다.
왁스는 녹아버렸다. 이카로스는 맨 팔을 위아래로
흔들었지만
하늘 위에서 깃털 없는 맨 팔은 무용지물이었다.
이카로스의 입은 아버지의 이름을 불렀지만,
깊고 푸른 바닷물이 이카로스의 목소리를 삼켜버렸고
이 바다는 이후 이카로스의 이름으로 불리게 되었다.
아들을 잃은 불행한 아버지가 목놓아 외쳤다.
'이카로스! 이카로스!' 아버지는 아들을 계속 불렀다.

'어디 있니? 내가 널 어디에서 찾아야 하니?'
다이달로스가 계속 이카로스를 부르고 있을 때
바다 위에 떠 있는 깃털들이 눈에 들어왔고,
다이달로스는 발명가로서의 자신의 재능을 저주했다.

오비디우스의 이야기에는 반전이 더 있다. 다이달로스가 아들을 묻고 있을 때 자고새 한 마리가 날개를 즐겁게 퍼덕였다. 자고새는 고대 그리스어로 페르딕스perdix이고, 또한 페르딕스는 다이달로스가 아크로폴리스에서 죽인 탈로스의 다른 이름이기도 했다. 탈로스가 추락할 때 여신 아테나가 그를 자고새로 변신시킨 것이었다. 추락의 기억 때문에 높은 장소를 항상 두려워하는 자고새는 다이달로스와 이카로스 신화에서 높음과 낮음의 대비와 연관된 여러 상징들 가운데 중요한 위치를 차지한다.

다이달로스가 마지막으로 종착한 곳은 시칠리아였다. 디오도로스의 서술에 따르면 이번에는 시칠리아에 위치한 카미코스의 왕 코칼로스Cocalus가 다이달로스의 재능을 필요로 했고, 다이달로스는 왕을 위하여 수많은 독창적인 건축물을 건설하는 위업을 달성했다. 그중에서 가장 주목할 만한 건축물은 절벽 위에 지은 난공불락의 도시로, 침입자들이 도시의 성당으로 이어지는 구불구불한 길을 절대 통과할 수 없게끔 설계되었다. 그러나 크레타에서와 마찬가지로 다이달로스는 이러한 재능 때문에 다시 몰락할 뻔한 위기를 맞는다. 그를 계속 쫓던 미노스가 결국 카미코스까지 당도

한 것이었다.

다이달로스를 찾아내기 위한 계략으로, 미노스는 카미코스 사람들을 대상으로 나선 모양의 소라고둥 껍데기 사이로 실을 꿸 수 있는 사람에게 커다란 상을 내리겠다는 공약을 내건다. 오직 다이달로스만이 이 과제를 해결할 것이라는 계산이었다. 미노스의 공약을 고심하는 코칼로스에게 다이달로스는 실을 묶은 개미를 소라고둥 속으로 집어넣어 저절로 실이 꿰어지도록 했다. 이 과제를 해결한 주인공이 다이달로스라는 것을 알아차린 미노스는 코칼로스에게 그를 내놓을 것을 요구했으나 거부당한다. 이후 코칼로스의 거짓 환대로 목욕을 하게 된 미노스를, 코칼로스의 딸들이 시중드는 척하면서 펄펄 끓는 물을 부어 죽였다고 전해지기도 한다. 이때 미노스가 죽은 장소가 수증기로 가열되는 작은 동굴, 즉 현대의 사우나 시설이었는데 이 역시 다이달로스가 시칠리아에서 발명한 것이었다.

마지막으로 살펴볼 이 신화의 문학적 원전은 이카로스의 비상과 추락이 가지는 다양한 상징적, 우화적 측면에 대해 탐구한 수필가이자 풍자가인 루키아노스Lucianus다. 루키아노스는 지나치게 높이 난다는 개념을 도덕적으로 타락한 이들을 가리키는 데 활용했다. 부자들이 분수를 모르다가 대가를 치르게 된다는 것을 알리거나 가난한 사람들이 갑자기 부자가 되는 경우 마찬가지로 실패를 맛보게 된다는 사실을 알릴 때 이 신화를 활용한 것이다. 루키아노스는 동일한 일화를 윤리가 아닌 지식과 관련된 주제에도 적용한다.《천문학에 대하여》라는 에세이에서 이카로스는 아버지에게 신비한 지식을 배웠지만 스스로 이성을 잃자 '불가해한 것들의 바다'로 추락하고 만다.

《배 또는 소원》이라는 대담집에서도 이카로스의 비행은 힘의 원천으로서의 지식을 상징한다. 몇몇 친구들이 각자 가장 원하는 것을 얘기하는 장면에서, 티몰라오스는 유한한 인간이 품게 되는 최후의 희망인 영원한 젊음, 고통 없는 삶, 투명인간이 되는 것, 하늘을 나는 능력을 실현시켜줄 마법 반지 세트를 원한다고 말한다. 그와 같은 반지가 생긴다면 어디든 여행할 수 있고, 경이로운 것들을 구경할 수 있으며 나일강의 근원, 별의 성분과 같이 사상가들을 괴롭히던 질문들에 대한 해답을 찾을 것이라고 말한다. 티몰라오스의 친구들 중 한 명은 '다 헛된 것이지'라며 이렇게 말을 이어간다. '자네는 결국 이카로스와 같은 결말을 맞이할 걸세. 깃털은 다 떨어져 나가고 하늘에서 떨어져 결국 땅바닥을 걸어야 할 것이고 반지는 자네 손가락에서 빠져 나갈 것이네.'

이카로스와 같은 비행이 반드시 재앙으로 연결되는 것은 아니지만 최소한 루키아노스의 풍자적인 상상력 안에서는 그러했다. 대담집《이카로메니포스》에서는 철학자 메니포스가 겪은 놀라운 비행에 대해 적고 있다. 메니포스는 독수리의 오른쪽 날개와 콘도르의 왼쪽 날개에 자신을 묶고 인류에 대한 새로운 관점을 찾기 위하여 지상 위를 날아갔다. '상상해보시오'라며 그는 다음과 같이 이야기를 시작한다.

먼저 달보다 훨씬 작은 지구를 보고, 눈을 아래로
향하니
거대한 산맥들과 드넓은 대양에 무슨 일이 생겼나
한참 동안 어안이 벙벙했다. 단언컨대, 로도스의 거상과
파로스 탑을
알아보지 못했다면, 지구인지 결코 알아채지 못했을
것이다.
그들의 높이와 위상, 바다에 반짝이는 희미한 태양빛,
덕분에 내가 보고 있는 곳이 지구라는 사실을 깨달을 수
있었다.
그러고 난 후, 제대로 집중해서 보니 모든 인류가
선명하게 내 눈에 들어왔다.
단순히 국가와 도시의 형태가 아닌 개인들,
항해하고 싸우고 쟁기질하고 법원을 향하고 있는
여자들, 야만인들,
즉, 풍요로운 지구로부터 영양분을 얻은 모든 종족들
말이다.

세계를 그와 같은 시점에서 볼 수 있는 능력은 파우스트의 그 것처럼 적정한 선을 넘는 행위가 가진 치명적인 위험을 품고 있지만 루키아노스는 비극 작가가 아니다. 제우스는 메니포스의 날개를 잘라버리지만 헤르메스에게 메니포스를 고향인 아테네로 안전

다이달로스와 이카로스가 부조로 새겨진 로마의 빌라 알바니, 기원전 2세기.

이카로스, 청동 조각상, 기원전 430년경.

이카로스의 추락을 그린 폼페이의 아만도스 사제의 집 프레스코화, 기원전 20-50년경.

하게 데려가도록 하고, 메니포스가 누구에게나 자유롭게 황당무계한 경험에 대해 떠들 수 있도록 풀어준다.

고대 로마 시대에는 서사 문학의 폭넓은 저변에 비해서 시각 예술은 크게 꽃피우지는 못했으나 시각적으로 시선을 끄는 몇 개의 작품들이 있다. 그중 가장 훌륭한 작품은 로마의 빌라 알바니에 있는 대리석 부조다.

이 작품은 다이달로스가 인조 날개를 만드는 데 몰두하는 장면을 묘사하고 있다. 이카로스는 다이달로스 옆에 서 있는데, 아도니스와 같은 아름다움을 뽐내며 아버지의 작업이 끝나기를 기다리는 중이다. 그런가 하면 기원전 400여 년 전에 만들어진 아름다운 청동상은 이미 날개를 달고 날아오를 준비를 하는 젊은이를 묘사하고 있다.

이 외에 시각 예술에서 반복적으로 사용되는 이카로스의 이미지는 떨어지고 있거나 떨어진 모습이다. 이 주제는 특히 로마 벽화에서 많이 쓰였다. 폼페이 사제의 집 벽화에도 이런 장면이 그려져 있는데, 헬리오스의 전차와 어부들을 가득 실은 두 척의 배, 하늘에서 떨어지는 이카로스와 이미 추락하여 해변에 쓰러져 있는 두 명의 이카로스가 묘사되어 있다.

파시파에가 몸을 숨긴 가짜 암소의 일화를 담은 이미지도 주목할 만하다. 이 주제 역시 로마 예술가들에게 인기 있었다.

이 장면을 묘사한 작품으로 튀르키예에 있는 거대한 모자이크도 눈여겨봐야 한다. 다이달로스와 이카로스 둘 다 목수로 열정적으로 일하고 있는 장면을 묘사하고 있다. 모자이크 왼쪽 하단 구석에 있는 소의 머리가 아마도 가장 마지막에 조립될 부분일 것이다.

마지막으로 다이달로스는 등장하지 않으나 그가 만든 작품 중

다이달로스와 파시파에가 그려진 폼페이 베티 저택의 프레스코화, 기원전 1세기.

에 가장 유명한 크레타 미로에 대해 이야기하지 않을 수 없다. 코님브리가의 모자이크는 미로의 기본에 충실한 구성과 모양을 보여주면서 상대적으로 덜 위협적인 황소 인간을 중심에 두고 있다.

파시파에, 다이달로스 그리고 이카로스를 묘사한 모자이크, 제우그마 모자이크박물관, 기원전 2세기.

    다이달로스의 여러 일화들을 잇는 하나의 개념은 경계를 넘나들면서 상반되는 것들을 연결하는 다이달로스의 능력에 있다. 첫째, 그는 생물과 무생물을 나누는 경계를 다스렸는데 파시파에의 가짜 암소가 대표적인 예였고 다이달로스의 트레이드마크인 살아 움직이는 듯한 동상들도 마찬가지였다(이를 두고 소크라테스가 동상들을 묶어 두지 않으면 도망가 버릴 것이라고 했을 정도다). 다이달로스는 인간과 동물 사이의 경계도 허물었는데 그와 이카로스가 일종의 새로 변신한 것, 파시파에가 여자와 동시에 암소가 될 수 있도록 한 것을 보면 그렇다. 또한 하늘과 땅 또는 위와 아래의 대립을 조정

미노타우로스가 있는 미로, 포르투갈 코님브리가 모자이크, 기원전 3세기 전반.

했는데 이는 이 두 영역을 오갈 수 있도록 만들어준 날개 덕분이었다. 끝으로 그는 안과 밖의 경계를 다스리는 자이기도 했다. 빠져나올 수 없는 미로, 함락되지 않는 성채, 나선형의 소라고등 껍질 등 위대한 설계자인 그는 이 모든 수수께끼들을 기발한 방법으로 풀어갔다.

상반된 것들을 연결하는 것 외에 다이달로스 신화의 주요한 특징이 또 있다면 그것은 아버지와 아들의 관계다. 같은 주제를 다양한 심리적 관점에서 다루는 다른 그리스 신화들도 많이 있는데 그 중심축에는 상호 존중과 사랑이 존재한다. 그러나 이보다는 아버지와 아들의 감정적인 거리감이 더 부각될 때가 많은데 오이디푸스Oedipus와 저주받은 아들인 에테오클레스Eteocles와 폴리네이케스Polynices가 그렇다. 오이디푸스와 아버지인 라이오스Laius 사이의 거리는 무지가 촉발한 폭력의 순간적인 발현으로 표현되는데 불행한 운명과 주제넘은 만용이 이 가문의 특징이라 할 것이다. 테세우스와 히폴리투스Hippolytus 사이의 거리도 비극적인 오해로 인해 아버지가 아들을 저주하는 것으로 표출된다.

다이달로스와 이카로스의 경우 앞의 예들과 대조적으로 아버지의 권위와 젊은이의 욕망 사이에서 움튼 긴장으로부터 감정적인 거리가 생겼기 때문에 가슴 절절한 사랑과 슬픔이 발생하게 된다. 일부 유사한 예로는 헬리오스와 파에톤Phaethon 신화로, 태양신의 지침을 가볍게 여겼던 아들로 인해 전차가 제우스의 벼락을 맞아 박살나게 된다. 파에톤은 아버지의 전차를 지나치게 지상 가까이로 몰았던 반면, 이카로스는 지나치게 지상에서 멀리 떨어져 날았다는 점이 차이라고 할 수 있겠다. 그러나 태양의 엄청난 열기를 다루는 것은 인간의 능력을 초월하는 힘이기에 결국 재앙을 초래했다는 점에서는 동일하다.

이카로스의 무분별한 행동은 많은 그리스 신화의 인물들과 유사성을 갖는다. 도를 넘는 오만함으로 처벌받았다는 사실이 그것이다. 마르시아스Marsyas는 자신의 음악성이 아폴로 또는 아테나보다 뛰어나다고 자랑하다가 산채로 가죽이 벗겨졌다. 니오베Niobe는 레토Leto 여신보다 더 많은 자식을 낳았다고 자랑하다가, 아라

크네Arachne는 아테나보다 더 베를 잘 짠다고 자랑하다가 벌을 받았다. 이카로스도 분수를 모르고 자만하다가 그 결과를 감내해야 했다. 현대의 해석 중 하나로써 이카로스의 비행을 심지어 태양신을 향한 도발로 풀이하기도 하지만 이카로스는 신과 어리석은 경쟁을 한 것이 아니기에 이들과는 다르다. 그렇기에 이카로스에 대한 동정심이 커질 수밖에 없다.

(지나치게) 높이 날았던 자의 최후

다이달로스와 이카로스 이야기가 함축하는 관념들은 후대에 매우 다양하게 활용되었지만 하나의 질문이 동일하게 반복된다. 높이 날기의 의미가 무엇인가? 용감하고 영광스러운 열망인가, 아니면 실패할 수밖에 없는 무분별한 행동인가? 아니면 영광스러우면서 동시에 무분별한 것인가?

중세 유럽에서는 주로 신학에서 이카로스의 비행에 대해 관심을 보였다. 14세기 초 프랑스에서 오비디우스의 《변신 이야기》를 프랑스어로 개작한 《오비드 모랄리제》에서 다이달로스는 창조자로서의 신을 상징했고 이카로스는 인간을 상징했는데 그의 오른쪽(신의 사랑)과 왼쪽(인간의 사랑), 두 날개 덕분에 신을 따라 천국에 갈 수 있었다. 한 가지 지켜야 할 핵심은 하늘과 땅의 가운데 경로를 따라가야 한다는 것이었다. 지나치게 높이 나는 것은 하나님의 은총에 감사하지 않는 것을 의미했고 지나치게 낮게 나는 것은 세속의 물질을 너무 사랑하는 것을 의미했다. 신학의 범주를 넘어서면 이카로스의 운명은 보다 일반적인 윤리 관념으로 받아들여져서 오만함이 초래하는 위험에 대한 상징으로 쓰였다. 프랜시스 베이컨Francis Bacon은 1609년에 출간된《고대인들의 지혜에 관하여》에서 이를 아래와 같이 유창하게 적고 있다.

> 미덕의 길은 과도함과 부족함의 정 가운데로 지나간다.
> 이카로스는 젊은 민첩성을 믿고 자만하여 과도함의
> 희생양이 되었다.
> 젊은이들은 보통 과도함으로, 노인들은 보통
> 부족함으로 죄를 짓는다.
> 그러나 어느 하나의 방식으로 소멸해야 한다면,
> 둘 다 나쁘고 해를 끼치는 길이지만 이중 보다 나은
> 길을 택해야 한다.

이카로스 신화는 윤리뿐 아니라 지식을 다룰 때도 많이 적용되었다. 이탈리아 역사가인 카를로 긴츠부르그Carlo Ginzburg는 사도 바울이 로마인들에게 보내는 편지 속 단어 네 개를 통해 '오만하게 생각하지 말고 두려워하라'라는 의미를 훌륭하게 도출해냈다. 긴츠부르그는 이 간략한 경고에 대한 해석이 무려 천 년 동안 이어졌다고 밝힌다. 4세기 후반에 쓰인 라틴어 번역 성경인 불가타의

오역으로 바울의 말은 '자만하는 죄'가 아니라 '지나치게 많이 아는 죄'로 잘못 해석되었다.

에라스무스와 같은 영향력 있는 사상가의 반론에도 불구하고, 바울의 명언은 '네가 알아야 하는 것보다 더 많은 것을 알려고 하지 말라'는 의미로 잘못 해석되어 신학과 철학에서 자연과학과 사회과학에 이르기까지 수많은 지적 논쟁에서 추측의 가능성을 차단하는 데 사용되었다. 15세기 수도승이자 종교 작가인 토마스 아 켐피스Thomas à Kempis의 관점이 가장 전형적이었다.

그가 경고하기로, 지식을 향한 욕망이 지나치게 강렬하면 조바심과 망상이 따르기에 지식의 많은 측면은 영혼에 도움이 되지 않는다. 그의 이런 경고의 대상이 바로 이카로스였다. 질문하는 행동이 한계를 넘으면 화를 입으리라는 것이었다. 토마스 켐피스의 이런 관점은 16세기 엠블럼(우화나 신화를 상징적인 운문과 함께 그린 삽화 모음집)의 시초라 할 수 있는 안드레아 알치아티Andrea Alciati의 책에도 다음과 같이 압축되어 있다.

> 이카로스여, 그대는 왁스가 녹아서 바다를 향해 거꾸로 떨어질 때까지
> 높은 창공을 날았다.
> 이제 그 왁스와 타오르는 불이 그대를 되살리니,
> 이는 그대의 예가 훌륭한 교훈이 되어줄 것이기 때문이다.

사기꾼이 별 위로 날아오르면 거꾸로 떨어질 것이니
천문학자들은 예언할 때 조심해야 할 것이다.

이것은 또한 지적인 오만함이 필연적인 파멸을 불러온 파우스트의 운명이었다. 16세기 영국의 극작가 크리스토퍼 말로Christopher Marlowe의 《포스터스 박사》의 프롤로그에서, 주인공 포스터스 박사

안드레아 알치아티, 1621년판 엠블럼 중 〈점성술사에 대하여〉의 삽화.

의 지식은 모두를 뛰어넘어 다음과 같이 묘사된다.

> 교활한 허영심에 잡아먹힐 때까지,
> 왁스가 칠해진 날개들은 그의 한계를 넘어 올라가
> 녹아 내렸으니, 하늘이 그의 전복을 공모했다!

지나치게 많이 아는 것이 위험하다는 경고만 있는 것은 아니었다. 이카로스의 비행은 한편으로는 지식의 혜택과 연결되기도 했다. 이때는 날개를 단 비행자가 안정적이고 자신감 있게 하늘을 미끄러지듯이 날아가는 이미지로 그려졌는데 16세기 동식물학자인 안셀무스 드 부트Anselmus de Boodt의 책속 삽화가 그 예다. 그런가 하면 15세기 나폴리의 시인 야코포 산나차로Jacopo Sannazaro는 소네트에서 이카로스의 행위를 죽음을 초월한 아름다움과 인간의 한계를 뛰어넘은 욕망의 순간으로 다음과 같이 묘사하고 있다.

> 그는 그와 같은 추락에 만족했을 것이다,
> 하늘을 향해, 비둘기처럼 용감하게, 날아오르다,
> 격렬한 불길에 타서 사라졌으니
> 그의 이름은 이제 모든 물결을 타고 바다 건너,
> 원소를 통해 메아리치니
> 이 세상에서 그와 같은 무덤을 갖게 된 자 누구인가?

시각 미술에서 높이 날기에 있어 가장 영향력 있는 이미지를 창조해낸 사람은 의심할 여지 없이 대 피터르 브뤼헐Pieter Bruegel이다. 그가 그린 〈이카로스의 추락이 있는 풍경〉은 오비디우스의 《변신 이야기》 속 장면을 그리면서도 구조적으로 거기에서 벗어나 있다.

브뤼헐의 시점은 현대의 미디어, 연극, 시, 공상과학 영화, 록 음악 같은 많은 예술 분야에 영감을 주었다. 브뤼헐의 작품은 무관심의 표본이다. 신화라는 이국적인 세계 속에서 폭발적인 장면이 일어나는 순간에도 사람들은 이를 알지 못한 채 일상생활이 계속된다는 사실을 묘사하고 있다. 오비디우스의 작품에서와 같이, 어부, 목동, 농부 세 명의 노동자들이 등장한다. 그러나 오비디우스의 작품에서는 이 관찰자들이 다이달로스와 이카로스가 함께 나는 장면을 얼빠진 듯이 지켜보고 있으나, 브뤼헐의 작품에서는 이카로스가 바다로 떨어진, 그림의 오른쪽 하단에 그려진 사소한 사건이 완전히 무시되고 있다. 다이달로스의 모습은 어디에도 보이지 않는데, 격렬한 슬픔을 표출하는 모습은 열정 없는 평화로움이라는 작품의 지배적인 분위기와 충돌했을 것이다. 대신 공들여서 작업에 몰두하고 있는 농부의 모습이 그려져 있는데 이는 오비디우스의 다이달로스가 이카로스에게 중도를 지키라고 했던 경고와 동일한 의미, 즉 과도함을 배제하라는 메시지일 것이다.

영국의 시인 W. H. 오든W. H. Auden은 시 〈뮤제 데 보자르Musé des Beaux Arts〉에서 브뤼헐이 전하고자 하는 메시지의 핵심을 말한다.

대 피터르 브뤼헐, 〈이카로스의 추락이 있는 풍경〉, 1555년경.

프란시스코 데 고야, 〈이카로스의 추락을 지켜보는 다이달로스〉, 1825-28년경.

오든의 시는 '과거 거장들은 고통에 대해서 틀린 적이 없었다'로 시작한다. 과거 거장들이 깨달은 것은 고통은 평범한 사람들이 일상생활을 영위하는 동안에 벌어진다는 것이었다. 브뤼헐의 회화 속 농부는 이카로스가 바다에 빠지는 소리를 들었을 수도 있지만 그에게 그것은 중요하지 않았다. 그리고 그럼에도 불구하고 태양은 계속 빛나고 있지 않은가.

물론 다이달로스와 이카로스의 고통을 전면에 배치한 예술

오노레 도미에, 〈이카로스의 추락〉, 1842년.

가도 틀림없이 존재한다. 예를 들어 프란시스코 데 고야Francisco de Goya가 그린 강렬한 회화에서 고통으로 일그러진 아버지의 얼굴을 보라.

　무관심도, 슬픔도 아닌 전혀 다른 분위기를 표현한 작품들도 있었다. 19세기 프랑스의 판화가이자 만화가인 오노레 도미에 Honoré Daumier의 석판화에는 천문학자로서의 다이달로스를 매우 유머러스하게 그리고 있다.

프레더릭 레이턴, 〈다이달로스와 이카로스〉, 1869년경.

한 세대가 지난 후 예술가 프레더릭 레이턴 Frederic Leighton은 웃음거리를 빼고 냉정한 아름다움과 절제된 영웅적인 행위만을 작품에 담기도 했다.

금기된 것에 대한 도전과 용기

20세기 예술에서는 다이달로스가 아닌 이카로스가 예술가들의 관심을 독차지했다. 앙리 마티스Henri Maisse의 인상적인 종이 오리기 작품인 〈이카로스〉를 보면, 열정을 상징하는 작고 빨간 심장이 추락하는 검은 색 몸과 선명한 파란 하늘, 불타는 노란 색 태양빛과 대조를 이루고 있다.

그렇다고 다이달로스가 외면 당한 것은 아니었다. 그를 향한 조각가들의 관심이 적지 않았다. 에두아르도 파올로치Eduardo Paolozzi의 청동 조각상, 〈바퀴 달린 다이달로스〉는 케임브리지 예수 대학 학내에 전시되어 있는데, 로봇과 같이 생긴 형상이 파올로치의 전형적인 스타일을 보여주고 있으나, 다이달로스가 살아 있는 것과 인공적인 것 사이의 경계를 지배했던 것을 떠올리면 그의 신화적 주제와 매우 잘 부합한다고 할 수 있다.

다이달로스가 서 있는 바퀴 달린 받침은 마치 청동 주조 공장에서 사용하던 카트 같다. 다이달로스는 카트 위에서 자신의 창조 행위를 연기하고 있는 듯하다.

앙리 마티스, 〈이카로스〉, 1944년.

어떻게 이들 부자가 이 시대에 특별한 지위를 얻게 되었는가? 한 가지 이유는 항공 여행의 발달과 그 결과로 비행이라는 개념이 촉발한 창의적인 관심이라 할 것이다. 다른 하나는 퍼즐, 정원, 종교적인 명상 장소 등에 쓰이는 미로가 갖는 새로운 매력이다. 이에 대한 더 심도 깊은 설명을 위해 두 명의 뛰어난 예술가에 대해 언급하지 않을 수 없다. 이들은 다이달로스와 이카로스의 열망과 재앙, 천재성과 실패의 이야기에 심리적으로 끌렸는데, 아마도 각자

에두아르도 파올로치, 〈바퀴 달린 다이달로스〉, 1994년.

의 방식으로 강박적이고 과장된 성향을 가지고 있었기 때문일 것이다.

가브리엘레 단눈치오Gabriele D'Annunzio는 시인이자 소설가, 이탈리아 전쟁 영웅이지만 바람둥이에 파시스트였다. 1차 세계대전에서 활약했던 그의 모험담은 화재로 입은 부상과 한쪽 눈의 실명으로 더욱 빛을 발했다. 1909년 브레시카 에어쇼에서(그 공항은 여전히 디아눈치오의 이름으로 명명되어 있다) 단눈치오는 5만 명의 관중을 앞에 두고 이카로스에 대한 시를 암송했다. 그에게 있어 문학과 삶을 통틀어 이카로스와 같이 높이 나는 것은 단순히 신체적인 자유를 얻는 것이 아니라 그 누구보다 우월해져서 신과 같은 존재가 되는 것을 뜻했다.

1910년작 《아마도 맞고 아마도 틀리다Forse che sì forse che no》에서 그는 다음과 같이 쓰고 있다. '새로운 도구(즉 비행기)는 인간을 그의 운명 너머로 데려간다고 보이는데, 이를 통해 인간에게 새로운 영토뿐만 아니라 여섯 번째 감각을 수여한다.' 신화를 형상화한 소설 속 주인공은 빠른 자동차, 빠른 비행기, 빠른 삶을 사랑한다. 주인공이 사르디니아 해변에서 비행기 사고로 사망했을 때 그의 파멸적 죽음은 불명예가 아니라 영광스러운 영웅적 행위라는 인상을 준다. 단눈치오에게 이카로스의 삶은 자신의 삶을 정의하는 은유였다.

다이달로스와 이카로스에 집착했던 두 번째 예술가는 조각가이자 작가로 또한 탁월한 미로 제작자로 활동했던 마이클 에어튼

Michael Ayrton이다.

에어튼만큼 신화적 강박 관념에 사로잡혔던 예술가가 역사 속에 또 있을까? 그는 심지어 피카소가 미노타우로스에 대해 가졌던 집착을 능가하는 수준으로 다이달로스와 이카로스의 이미지를 수백 가지로 창조했다. 사실 에어튼은 피카소에게 질투심이 상당했는데 이 때문인지 그는 반복하여 미노타우로스의 이미지를 재창조하기도 했다. 청동 조각상인 1970년작 〈출발점Point of Departure〉을 보자. 위풍당당한 이카로스는 웅크린 미노타우로스 위로 힘차게 날아오르고 있다.

에어튼은 점점 다이달로스와 자신을 동일시했고, 이로 인해 그는 실제 미로를 제작했으며 1967년에는 다이달로스의 자서전을 표방하는 소설인《미로 제작자The Maze Maker》를 출간하기도 했다. 에어튼에게 미로는 존재의 기본을 의미했다. 에어튼에게는 이카로스적인 측면도 있었는데 실제로 그의 아버지는 당대 유명한 시인이자 문학비평가인 제럴드 굴드Gerald Gould였다(에어튼은 정치인이있던 어머니 바버라 에어튼Barbara Ayrton의 성을 따랐다). 그는 아버지를 능가하기 위하여 노력했다. 다이달로스와 이카로스 사이에서 심리적으로 오락가락 하는 것은 에어튼의 소설 속 두 개의 모순되는 구절에 드러나 있다. 먼저 꽤 단순하게 표현된 1962년작《다이달로스의 증언The Testament of Daedalus》에서 발췌한 다음의 구절을 보라.

이카로스는 나보다 더 유명하다,

마이클 에어튼, 〈출발점〉, 1970년.

비록 그가 특별한 기술도 없고 자만심 강하고
시적으로 스스로의 죽음을 고안한 것 빼고는
무엇인가를 만들었다고 할 수도 없지만.
그러나 그는 나보다 더 유명하고, 어쩌면 나는 그
사실에 분개한다.

다음으로 좀 더 사려 깊게 표현된 《미로 제작자》의 다음 구절을 보라.

> 나는 내가 이카로스에게 쉬운 아버지였다고 생각하지
> 않는다.
> 나는 아들을 지나치게 가까이 지켜보면서 그 안에서
> 내 본연의 장점을 찾고
> 아들이 나의 장점을 넘어서기를 열정적으로 소망했다.

현대 미술에서는 다이달로스보다 이카로스가 더 강력한 영향을 끼치는 듯하다. 1973년에 로스앤젤레스를 기반으로 활동했던 문제적 예술가 크리스 버든Chris Burden의 퍼포먼스 〈이카로스〉를 살펴보자. 퍼포먼스에 앞서 예술가는 나체로 등을 바닥에 대고 누워 있다. 보조 작가들이 그의 양 어깨에 각각 유리 한 장을 놓은 후 유리 위에 기름을 붓고 불을 붙인다. 불타는 날개를 단 인간의 형상을 보여주는 것이다. 몇 초 후 버든은 벌떡 일어나 유리를 땅에 떨어뜨리고 깨트린다.

그로부터 10년 후, 1983년 헤비메탈 록밴드인 아이언 메이든Iron Maiden은 이 신화에 대한 자신들의 해석을 덧붙여 〈이카로스의 비상Flight of Icarus〉이라는 곡을 발매한다.

> 하늘을 날아 태양을 만져라
> 이제 구름이 걷히고 소년이 나타난다

늙은이의 눈을 바라보면서

날개를 펼치고 군중들에게 소리친다

그의 눈이 반짝반짝 빛난다

꿈의 날개를 달고 날아갈 때

그는 아버지가 배신했다는 사실을 안다

이제 그의 날개는 재로 변하고 그의 무덤도 재가 된다

비즈니스 업계에서 '이카로스 역설'이라는 개념이 있다. 한 회사가 성공을 안겨준 승리 공식에 안주하다가 완전히 실패하는 것을 의미한다. 그런가 하면 추락의 아이콘 이카로스의 이름을 딴 항공사들도 존재한다. 부적절한 회사 명칭을 놀리는 것은 너무 쉬운 일이다. 이카로스의 실패 내지는 추락의 이미지만을 떠올린다면 그럴 수 있겠지만 한 가지 핵심을 놓치고 있다. 어찌 되었든 역사적으로 이카로스를 보아왔고 여전히 보고 있는 또 하나의 관점은 그가 젊은 비행사로서 용감하고 영광스러운 업적을 이룩했다는 사실이다. 늘 그렇듯이 그리스 신화의 카멜레온과 같은 다양성이 그리스 신화의 가장 주요한 특징이라는 사실을 잊어서는 안 된다.

4
여성의 초월적 권력을 향한 이상
아마조네스
The Amazons

신화는 현실 세계의 사건 및 사람들과 어떻게 연결되는가. 이 질문에 대답하는 것은 엄청나게 어렵다. 어떤 신화인지에 따라 대답이 달라지기 때문이다. 요즘 시대에 프로메테우스나 메데이아, 다이달로스와 이카로스가 실제로 존재했냐고 묻는 사람은 거의 없을 것이다. 그러나 그리스인들과 로마인들이 아마조네스라고 부르던 신화 속 여자들에 관한 얘기라면 이야기가 달라진다. 이 여전사들과 이들과 닮았다고 간주되는 민족 집단 간에 관계적 가능성은 여전히 뜨거운 논쟁거리다.

옛날 옛적, 남성이 아닌 여성이 권력을 가지고 있던 모계사회가 존재했을까? 만약 존재했다면 아마조네스 신화가 그 증거일까? 이런 의문을 갖는 것 자체가 오늘날에는 영향력이 매우 크다. 여성이 제도적으로 남성 위에 군림하는 사회, 심지어 더욱 특이하게 여성으로만 구성된 사회, 이러한 개념들이 모두 젠더 정치학으로 연결되기 때문이다.

아마조네스에 대한 고대 신화 속 복잡한 실타래를 풀어보는 것으로 이야기를 시작해보자. 그다음에는 이 신화가 세상을 새로운 시각으로 보는 데 어떻게 활용되었는지 살펴보도록 한다. 고대 이후 아마조네스 신화를 톺아보는 여정은 중세시대 최초의 페미니스트 작가에서 스페인 대정복, 여전사 제나와 원더 우먼까지 이어질 것이다. 이 과정에서 누구도 대답하기 어려웠던 '아마조네스는 실제로 존재했는가?'라는 물음이 암시하는 의미에 대해서도 살펴볼 것이다.

강한 여성에 대한 성적 욕망

그리스인과 로마인들 사이에서 전승되던 아마조네스 신화에서는 세 가지 관점을 발견할 수 있다. 첫 번째는 민족지학적 관점으로, 아마조네스를 신화와 역사, 지리학 사이 '무인 지대' 어딘가에 존재했던 특정한 민족 집단으로 상상하는 입장이다. 두 번째는 아마조네스 중 펜테실레이아Penthesilea, 히폴리테Hippolyte, 안티오페Antiope

같은 특정 인물들이 그리스인 등 외부인과의 상호작용 속에서 이룬 업적에 초점을 맞추는 관점이다. 세 번째는 신화 역사상 가장 중요한 사건이라 말할 수 있는 아마조네스의 그리스 침략과 연관된 관점이다. 역사가 디오도로스가 쓴 다음 구절이 민속지학적 관점에 대한 출발점이 될 것이다.

> 테르모돈강(아나톨리아 북부, 흑해로 흘러 들어가는)
> 기슭의
> 한 나라에서 들리는 얘기에 따르면,
> 주권은 국민에게 있었고 국민들 중 여성이 최고의
> 권력을 가졌으며,
> 이 여성들이 남성들처럼 전쟁에 참여했다고 한다.
> 이 여성들 중 귀족의 혈통이 흐르는 한 여성은
> 전쟁에서 전투기술과 육체적 힘이 뛰어났고
> 여성들로 이루어진 군대를 소집하여 무기 사용법을
> 훈련시켜
> 이웃 나라들을 정복했다. 그녀는 용기와 인기가
> 치솟음에 따라
> 이웃 나라들과 연달아 전쟁을 일으켰고, 그녀에게
> 행운이 계속되자
> 자신감에 가득 차 스스로를 아레스의 딸로 칭했다.
> 남성들에게는 물레를 돌리는 일이나 여자들이 하던

가사일을 시켰다.

그녀는 법도 제정했다. 법에 따라 여자는 전쟁에

참여하도록 하고,

남자는 굴욕적인 노예제에 구속되도록 했다. 그리고

아이들의 경우

남아는 팔과 다리를 잘라 전쟁에 참여하지 못하도록

하고,

여아는 오른쪽 가슴을 그을려서 육체가 성숙했을 때

걸리적거리지 않게 했다.

이러한 이유로 아마조네스의 나라는 그 명성을 얻게

되었다.

디오도로스의 이야기는 그와 동시대를 산 지리학자이자 역사가 스트라보Strabo가 아마존을 디오도로스가 말한 것보다 훨씬 더 동쪽인 카스피해 근처에 위치했다고 주장하고 그들의 생활양식에 대해 풍부한 정보를 제공함으로써 이야기의 살이 붙는다.

스트라보는 아마조네스가 말 사육과 활쏘기를 중요시했다는 사실을 강조하는 한편, 창을 잘 던질 수 있도록 오른쪽 가슴을 불로 지진 것과 관련한 구체적인 증거를 어원을 통해 제시한다. 그리스어로 a는 '아니다'를 의미하는 접두어고 mazos는 '가슴'을 뜻한다는 것이다. 이는 고대부터 반복하여 언급되는데 현재까지도 아마조네스 개념을 구체화시키는 데 중심적인 역할을 차지한다.

그러나 현대에 이르러 '한쪽 가슴'에 대한 확인되지 않은 사실을 뒷받침하고자 고대인들이 어원학을 오용했다는 비판도 제기되고 있다. 고대에 제작된 예술 작품에서 '한쪽 가슴'을 가진 아마조네스 이미지를 뒷받침하는 증거가 보이지 않고, 아마조네스의 어원이 '한쪽 가슴'이 아니라 '빵이 아닌'(아마조네스는 육식을 한다는 뜻) '함께 사는' 또는 '벨트를 착용한' 등으로도 해석될 수 있다는 이유였다. 실제로도 현대의 어원학자들은 아마조네스라는 명칭에 대해 다양한 범위의 어원들을 제시하고 있다. '남편이 없는' '전사들' 또는 '벨트를 착용한' 등의 새로운 어원이 그것이다.

일단 현대와 고대의 어원학은 각기 역할이 다르다는 것을 이해할 필요가 있다. 현대 어원학이 시간의 흐름 속에서 단어의 의미가 발전하는 과정을 추적한다면, 고대 어원학은 세상의 모습을 추측하는 데 언어를 활용한다. 의도적으로 축소시킨 가슴에 대해 반복적으로 이야기하면서 고대 작가들(대부분 남성이다)은 극단적 군사주의에 헌신하는 여성은 모성이 없거나 여성적이지 않은 모습이 일부 있었다는 암시를 하며 비판적 이데올로기를 전파했을 것이다.

한쪽 가슴을 가진 아마조네스는 특별한 힘과 치명적인 약점을 함께 가진 전형적인 신화 속 인물의 범주에 속했다. 여성이 전투 기술에 있어서 남성과 동등하다는 사실은 그들이 초능력을 가진 존재라는 의미나 다름없었다. 그리스인들의 논리에 따르면 신화 속 인물은 이러한 초능력을 치명적 약점으로 상쇄함으로써 통제되어야 한다. 예언자 테이레시아스Teiresias의 초인간적인 예지력이 육체적으로 앞을 보지 못한다는 약점으로 상쇄되듯이 아마조네스의 초여성적인 전투 능력은 그녀들이 완전한 여자가 아니라는 사실에 의해 상쇄된다.

아마조네스의 가슴에 이야기의 초점을 맞추었다는 사실은 고대의 이야기꾼들이 이들에게 섹슈얼하게 끌렸다는 의미일 수 있는데 여기 또 다른 증거가 있다. 아마조네스의 성적인 관습과 연관된 것으로, 스트라보에 따르면 매년 봄 두 달 동안 이 여성들은 근처 산악지방의 이웃 부족인 가르가리안족 남성들과 마구 섞여 관계를 갖는다. 이후에 태어난 여자아이들은 아마조네스가 길렀고 남자아이들은 가르가리안족이 보살폈다.

섹슈얼한 이끌림은 차치하고, 이러한 사실은 아마조네스가 매우 조직화되었다는 것을 알려준다. 스트라보 역시 이들의 이러한 성향은 매우 놀랍다고 고백한 바 있다. 이들은 도시를 건설하고 장기간 군사적 원정을 나섰는데 이러한 활동은 공동의 목표와 엄격한 기준의 규율이 존재했다는 의미였다. 아이들을 낳고 기르는 제도 역시 조직적이었는데 전반적으로 남자가 필요 없는 생활 양식을 발전시키고 지속하는 데 초점이 맞추어져 있었다.

아마조네스에 대한 디오도로스와 스트라보의 묘사는 이미 수백 년 전에 헤로도토스Herodotus가 이야기한 내용에 기반을 두고 있다. 헤로도토스에 따르면 아마조네스는 남성에게 지지 않는 독립적인 여성 집단이었고 스키타이 초원지방에 살았던 사르마티안의 선조였다. 그리스인들에게 붙잡혀 배로 납치되면서 바람과 파도를 따라 북해를 가로질러 북쪽으로 흘러갔고, 마침내 스키타이 지역에 도달했다는 것이다. 이후 풀을 뜯고 있던 말들을 훔쳐서 스키타이 남성들과 폭력적인 충돌을 빚었는데 결국 이들은 스키타이 남성들과 결혼을 하고 아이를 낳음으로써 정착하기에 이른다.

헤로도토스는 아마조네스가 젊은 스키타이 남자들에게 혼인을 통해 자원을 결집하여 타나이스강(현재의 모스크바 남동쪽에 흐르는 돈강) 넘어 동북쪽으로 진출할 것을 제안했다고 말한다. 이때 협상에서 주도적인 역할을 한 것은 아마조네스로, 헤로도토스는 '남자들은 여자들의 언어를 배우지 못했으나 여자들은 남자들의 언어를 익히는 데 성공했다'고 적고 있다. 아마조네스의 독립성은 결혼을 해도 전혀 약화되지 않았는데 이러한 기질은 아마조네스의 후손이라고 일컬어지는 사르마티아인들도 마찬가지였다. 사르마티아인 여자들은 말을 타고 사냥을 하는가 하면 종종 남자 옷을 입고 전쟁에 참여했으며 전투에서 적군을 살해하기 전까지 결혼하는 것이 금지되었다.

아마조네스에 대한 민족지학적 관점이 역사가들과 지역학자들에게만 연구된 것은 아니다. 아폴로니우스는 《아르고호의 항해》에서 아르고호의 선원들이 항해 중 테르모돈강을 지날 때 겪은 아마조네스의 이야기를 들려준다. 아폴로니우스는 아마조네스의 군사주의가 그들의 조상이자 전쟁의 신 아레스Ares로부터 유래했다고 본다. 아레스의 연인은 님페인 하르모니아Harmonia로 이는 아마조네스 사회의 또 다른 특징인 질서정연한 조화, 즉 하모니를 암시한다.

고대 문학에서 묘사된 아마조네스의 모습은 수백 개의 이미지로 표현되었다. 일반적으로 여성 집단이 전투에 참여한 모습을 그리고 있는데 그림 속 여자들은 창과 도끼, 활을 든 채 말을 타고 있다.

맞수인 그리스 영웅들에 대적하는 아마조네스의 능력뿐만 아니라 그녀들의 차별화되는 외양 역시 매우 인상적이다. 부드러운 모자에 무늬 있는 튜닉과 레깅스를 입고 벨트를 맨 모습을 보라.

그런가 하면 아마조네스가 가진 외양의 차별성을 이야기할 때 옷을 입지 않은 나체의 모습이 거론될 때도 많다.

무엇을 이야기하든 거의 항상 그녀들 가슴에 초점이 맞춰지곤 하는데 전투적 기술과 에로티시즘의 혼합, 전형적이고 고전적인

아마조네스가 새겨진 사이프러스의 석관, 기원전 4세기 후반.

부상당한 아마조네스의 동상, 기원전 2-1세기.

에레트리아 화가, 〈아마조노마키〉, 테라코타 기름 단지, 기원전 420년경.

전투 중인 나체의 아마조네스가 그려진 코린트식 레키토스, 기원전 575-550년경.

아마조네스 칵테일이다.

이제 여성 전사 한 명에 대한 신화로 주제를 바꾸어보자. 아마조네스 중 가장 유명한 펜테실레이아로부터 이야기가 시작된다. 그녀에 대해 언급한 글들은 기원전 7세기에 쓰인 서사시《아이티오피스》와《일리아스》의 속편격인《포스토메리카》에 걸쳐져 있다.

펜테실레이아는 아레스와 아마존 여왕 오트레레Otrere의 딸이었다. 펜테실레이아는 자매인 히폴리테를 실수로 살해하여 고향을 떠나야 했다. 트로이의 프리암Priam이 그녀를 위해 정화 의식을 거행했고 펜테실레이아는 트로이가 그리스인들에게 포위되자 아마조네스 군대를 이끌고 프리암을 도움으로써 빚을 갚았다. 그녀가 아킬레스가 던진 창 앞에 항복했을 때, 아킬레스가 그녀의 몸에서 갑옷을 벗기고 아름다운 몸을 보았을 때 무적의 영웅은 그녀와 사랑에 빠졌다. 많은 문헌에서 아킬레스가 그녀를 처치하는 대신 신부로 삼기 위해 고향으로 데려갔을 것이라고 적고 있다. 전투 기술과 성적인 매력을 결합시킨 아마조네스 신화의 양면성을 보여준다고 할 수 있다.

이러한 아마조네스의 양면성은 시각 예술가들에게는 거부할 수 없는 매혹적인 주제였다. 그리스 화병 중 가장 유명하다고 할 수 있는 고대 그리스의 화가 엑세키아스Exekias의 암포라(양쪽으로 손잡이가 달린 목이 긴 항아리)는 그 결정적인 순간을 포착하고 있다.

양면성의 균형이 전투 기술에서 성적인 측면으로 옮겨간 이미지는 테살로니키에서 기원전 2세기경 제작된 석관에서 볼 수 있

엑세키아스, 아킬레스와 펜테실레이아가 그려진 아테네식 암포라, 기원전 530-525년경.

다. 여기에서 아킬레스는 죽어가는 아마조네스를 부드럽게 지탱하고 있으며 이 과정에서 그의 영웅적인 육체뿐만 아니라 그녀의 육체 역시 나체로 드러나 있다.

가장 강한 그리스 영웅과 엮이게 된 다른 아마조네스가 있으니 바로 히폴리테 여왕이었다. 그 영웅은 헤라클레스로, 그의 아홉 번째 과업이 탐험대를 이끌고 아마조네스 영토로 들어가 히폴리테의 벨트를 가져오는 것이었다. 이 벨트는 아레스에게 수여받은 것인데 주권을 상징하는 부적과 같은 것이었다. 헤라클레스가 다른

펜테실레이아를 안고 있는 아킬레스가 새겨진 테살로니키의 석관, 기원전 180년경.

    과업과 달리 혼자 수행하지 않았다는 사실은 아마조네스가 얼마나 만만치 않은 적수였는지를 보여준다.
    많은 그리스 영웅들은 자신들의 업적에 아마조네스를 포함시켰다. 아킬레스와 헤라클레스에 이어서 벨레로폰Bellerophon도 그러했는데 벨레로폰이 '남자들과 동등한 여자들'을 학살했다는 이야기는《일리아스》에도 언급되어 있다. 테세우스 역시 아마조네스와 연관이 있는데 그 상대는 안티오페였다. 플루타르크Plutarch는 테세우스에 대한 신화적 전기에서 테세우스와 안티오페 사이에 있었던 다양한 이야기들을 기록하고 있다. 그중 하나는 테세우스가 아마조네스 영토를 찾아 떠난 헤라클레스와 동행했고 전장에서 쌓은 공로에 대한 상으로 안티오페를 수여 받았다는 것이다. 테세우스가 독립적으로 아마조네스 정복을 위해 떠난 여정에서 안티오페를 붙잡았다는 버전, 테세우스가 안티오페를 강압으로 붙잡은 것이 아니라 그녀가 아마조네스를 대표하여 테세우스에게 선물을 전달하러 왔을 때 안티오페를 속여서 붙잡았다는 버전도 있다. 완전히 다른 버전도 있다. 안티오페가 테세우스와 사랑에 빠져 그의 아내가 되었다는 이야기다.

안티오페의 결혼은 아마조네스에게 있어서 흔하지 않은 생활방식의 변화였다. 정상적인 방식으로는 여전사가 자손이 필요한 때 외에는 남자와 분리되어 살기 때문이었다. 흥미롭게도 아마조네스를 닮은 여성들에게 있어 남성으로부터의 독립은 혼전 순결이라는 극단적인 형태로 표출되기도 했다. 전형적인 예는 베르길리우스의《아이네이드》에 등장하는 카밀리아로, 그녀는 여성 기사로 구성된 군대를 이끌고 아이에네아스를 상대로 전투에 참여한 전사였다. 그녀는 중앙 이탈리아의 볼치족 출신으로 아마조네스가 아니었지만 그녀와 동지들인 라리나, 툴라, 타르페이아는 마치 아마조네스 같았다.

카밀리아는 뛰어난 기수이자 활과 창, 도끼를 매우 잘 휘둘렀다는 점에서 아마조네스와 비슷했다. 그녀는 말을 탈 때 한쪽 가슴을 드러내놓았는데 가슴 아래쪽에 창을 맞아 죽음에 이르게 된다.

비록 카밀리아는 남자와 동침을 거부했으나 남자들에게 카밀리아는 매우 매력적인 존재였다. 베르길리우스에 따르면 카밀리아가 지나가면 젊은 남자들이 몰려나와 그녀의 매끄러운 어깨와 굽이치는 머릿결, 그녀의 화살통과 긴 창을 보며 감탄했다고 한다.

많은 신화에서 여전사들은 외부의 위협을 스스로 무찌르거나 동맹군을 지원한 것으로 묘사되었다. 카밀리아도 이탈리아 주민들이 침입자를 무찌를 수 있도록 도와주었지만 아마조네스의 군사주의는 단순히 영토 방어에 국한되지 않았다. 디오도로스에 따르면 아마조네스의 나라는 일단 조직되고 나자 남자다운 기량이 워낙 뛰어나 주변 영토뿐만 아니라 유럽과 아시아의 많은 지역을 정복했다. 특히 그리스 신화에 지울 수 없는 족적을 남겼는데 바로 아마조네스의 전설적인 그리스 침략이다.

시인 핀다로스Pindar와 극작가 아이스킬로스Aeschylus도 아마조네스의 급습에 대해 다루었으나 상세한 설명은 플루타르크가 쓴 《테세우스의 일생》을 들여다보아야 한다. 플루타르크에 따르면 침략의 동기는 안티오페의 납치에 대한 복수였다. 아마조네스가 그리스를 침략한 경로에 대해서는 다양한 출처에서 다양한 설명을 하고 있으나 결론은 아테네를 침략하여 두 언덕에 있는 아레오파고스와 프닉스를 먼저 정복했고 이후 더 높은 곳에 위치한 요새인 아크로폴리스를 위협했다는 것이다. 침략과 전쟁은 긴 시간을 끌었고 격렬했으며 한 치의 양보도 없었다. 혹자에 따르면 세 달간의 전투 끝에 협상으로 조약이 체결되었다지만 결국 아마조네스가 쫓겨났다는 사실에 대해서는 모든 출처에서 동일하게 다루고 있다.

아마조네스와의 전쟁을 그린 많은 그림에서 그리스인과 아마조네스는 전투력에 있어서 막상막하로 표현되지만 일부 애국적인 아테네인은 그리스인쪽으로 치우친 입장을 취한다. 전사한 아테네인들을 기리기 위해 쓰인 장례 연설에서 그리스 시대 웅변가인 리시아스Lysias는 그 여자들이 마땅한 대가를 치렀다고 다음과 같이 명백하게 적고 있다.

> 성별에 따라 여성으로 구분되기보다
> 그들의 대범한 용기 때문에 남자로 통했다.
> 많은 국가들을 통치하면서 주변 국가들을
> 속국화시켰다.
> 그러나 우리나라의 위대한 명성을 듣고,
> 고취된 영광과 큰 포부를 가지고 전쟁에 적합한
> 국가들을 모아
> 우리 도시를 향해 진격했다.
> 용감무쌍한 남자들이 대적하자 그녀들의 정신은
> 성별을 깨달았고
> 그녀들의 명성은 기존에 얻은 명성의 정반대였으며
> 그녀들의 육신이 아니라 그녀들이 처한 위기로 인해
> 여성으로 간주되었다.

그녀들은 현장에서 죽임을 당했으며, 그녀들의 어리석음에 합당한
처벌을 받았고, 우리 시의 용맹스러운 기억이 잊히지 않도록 했다.
이 지역에서의 재앙으로 말미암아 그녀들의 조국은 이름 없는 곳이 되었다.
그리하여 그 여자들은, 타인의 땅에 대한 부당한 욕심 때문에,
정당하게도 자신들의 땅을 잃었다.

모든 그리스 신화처럼 아마조네스 신화도 얼마든지 각색되고 활용될 수 있다. 그녀들이 그리스의 토지를 수탈하려 했다는 말을 강조한 리시아스처럼 말이다. 동기가 무엇이든 아마조네스의 침략은 역사 속에서 상징적인 의미를 가지게 되었다. 신화에 대한 쓸 만한 정의 중 하나가 '사회적으로 영향력 있는 전통적인 이야기'라면 아마조네스의 그리스 침략은 그야말로 가장 신화다운 신화였다.

독립적이고 자유로운 여성상의 투영

아테네인의 후손들에게는 자신들의 땅을 침략한 아마조네스를 상

대로 승리한 것이, 용맹한 선조에 대한 표식이자 그들 자신에게 투영되는 영광의 원천이었다. 그러나 시간이 흐르고 도시 국가인 아테네의 명성이 사그라들고 이 사건도 결국 먼 과거가 되자 신화 이야기꾼들은 더 이상 이 사건을 특별히 회고하지 않게 되었다.

대신에 일반적인 주제로서 '아마조노마키Amazonomachy'(아마조네스와 그리스인 간의 전투)는 계속 영향력을 유지했고 시각 예술 분야에서 더 두드러졌다. 또한 다른 두 가지 주제, 젠더에 초점을 맞춘 민속지학적 관점과 독립적이고 강하고 매혹적인 여전사에 초점을 맞춘 관점 역시 계속해서 대중을 현혹시켰다.

젠더의 영향을 받지 않는 인간 사회를 떠올리기란 어려운 일이다. 아마조네스의 출산 관행에 대한 그리스와 로마 작가들의 목소리는 앞서 본 바와 같이 하나로 통일되지 않았다. 아마조네스는 삶의 대부분을 여성들하고만 지냈는데 그런 면에서 그녀들은 순결의 표본으로 칭송받을 수 있었다. 반면에 종족 보존을 위해 불가피하게 특정 시기에 남성과 잠자리를 할 수밖에 없는데 이러한 결합은 종종 난잡하게 묘사되고 정상적인 결혼도 아니었기에 도덕적으로 비난 받을 수 있었다. 이러한 양면적인 측면으로 인해 아마조네스가 성적으로 도덕적이거나 혹은 명예롭지 못하다는, 크게 다른 두 가지 관점으로 연결될 수 있었다.

후기 고대 시대와 중세시대를 지나는 동안 유럽의 기독교 세계에서는 두 가지 관점이 모두 존재했다. 부정한 아마조네스에 대한 비난은 북아프리카인 기독교인 옹호자 테르툴리아누스로 거슬러 올라간다. 테르툴리아누스는 신화를 그의 숙적인 이교도인 마르키온Marcion을 비난하는 데 활용했다.

> 에욱시네(흑해)는 야만성에 스스로 부끄러움을 느꼈는지 우리의
> 문명화된 바다로부터 멀리 떨어진 곳에 위치한다.
> 우마차에 사는 것을 거주라고 한다면 이상한 종족이 그곳에 거주하고 있다.
> 이들은 특정한 거주 장소가 없다. 이들의 삶은 상스러워서
> 그들의 성적인 활동은 난잡하고 무엇보다도 숨기려고 해도
> 숨겨지지 않는다. 누군가 실수로 들어올까 봐 우마차의 멍에에
> 화살통을 매달아 놓아서 광고를 한다. 전쟁에서 사용하는 무기를
> 함부로 다룬다. 그들은 축제에서 먹기 위해 자신들의 아버지의 시체를
> 양고기와 함께 발라낸다. 여자들도 여성 특유의 부드러움과 얌전함을
> 상실했다. 가슴을 드러내 놓고, 전투용 도끼로 가사일을 하며,

혼인의 의무를 다하는 것보다 싸우는 것을 더 좋아한다.

아마조네스에 대한 테르툴리아누스의 부정적인 시각은 중세에까지 이어져서 시인 헤르보르트 폰 프리츨라Herbort von Fritslar는 장문의 《트로이의 노래》에서 아마조네스를 악령이 든 야만적이고 남자 같은 존재로 상상하고 있다.

그러나 이외에는 긍정적인 평가가 주를 이루었다. 13세기에 오스트리아 시인 루돌프 폰엠스Rudolf von Ems의 《알렉산더 로맨스》에서는 아마조네스의 품격과 용맹스러운 기사도 정신을 다루고 있다. 이때부터 아마조네스는 처녀성을 가진 기사의 기독교적 이상의 전형이 되었다.

그런 점에서 메데이아 신화와 연관하여 얘기했던 크리스틴 드 피잔만큼 아마조네스에 대한 존경심을 확실히 표현한 작가는 없었다. 크리스틴은 선구적인 작품인 《숙녀들의 도시에 대한 책》에서 숙녀들에 의해 창조된 이성적이고 정직하고 정의롭고 성스러운 도시를 묘사하고 있다. 도시의 가장 높은 곳에는 동정녀 마리아가 있었지만 영향력 있는 롤모델은 훌륭한 재능을 자랑하는 창의적인 젊은 여성인 아테나였다. 아마조네스 역시 용기와 독창성 측면에서 본받을 만한 대상이었으며 크리스틴에 따르면 그녀들의 나라는 800년간 지속되었다. 크리스틴은 아마조네스가 한쪽 가슴을 불구로 만든 이야기를 독특하게 재해석했는데, 귀족 혈통의 아마조네스는 방패를 들기 용이하도록 왼쪽 가슴을 불로 지졌고 귀족이 아닌 경우에는 활쏘기에 용이하도록 오른쪽 가슴을 지졌다는 것이었다.

근대 시대에 유럽 여행자들은 아마조네스를 두고 젠더가 지배하는 민속지학적 관점에서 묘사했다. 《존 맨더빌 경의 여행》이라고 알려진 14세기 작품에서 아마조네스는 고귀하고 현명하고 싸움 실력으로 여왕을 선출한 전사들로 나온다. 그녀들에게는 남성 연인이 있었으나 임신을 위해 8~9일 정도 만나는 경우를 빼면 각자 떨어져 살았다.

아마조네스가 위치한 지역에 대해서는 의견이 분분했다. 맨더빌은 찰데아(현재의 이라크 남부)라고 한 반면 수도사였던 가스파르 데카르바할Gaspar de Carvajal이 쓴 연대기에 따르면 16세기 중반에 스페인 정복자인 프란시스코 데오레야나Francisco de Orellana가 남아메리카에서 아마조네스와 동일한 부족을 발견했다고 한다.

> 이 여자들은 피부가 매우 하얗고 키가 컸으며, 긴 머리를 땋아서
> 머리에 두르고 있었다. 또한 그녀들은 매우 힘이 세고 은밀한 부위는
> 가린 채 활과 화살을 손에 들고 나체로 돌아다녔으며 열 명의 인디언
> 남자들만큼이나 많이 싸웠다. 이 여자들 중 하나는 범선 중 하나에

화살을 쏘아서 한 뼘 깊이로 명중했고 다른 여자들은
그보다는 덜 깊게
쏘아서 결국 우리 범선은 고슴도치처럼 되었다.

카르바할의 글에는 상투적인 주제들이 많이 반복된다. 여성들은 성적 욕구가 생기면 특정 시기에 이웃 나라의 남성들과 어울렸다, 남자 아이는 살해해서 시체를 아버지에게 보냈으나 여자 아이는 직접 길러서 전투 기술을 가르쳤다, 한 여자가 이 여성들을 통치했다 등등. 위대한 강 아마존은 이 여성들을 기리기 위해 이름 지어졌다. 아마조네스가 남아메리카에 위치했다고 주장한 또 한 사람은 16세기 탐험가인 월터 롤리Walter Raleigh 경이었다. 그의 설명에 따르면 그녀들은 매년 4월 이웃 부족 남자들과 잠자리를 가졌다. 월터 롤리 경은 모든 여자들이 오른쪽 가슴을 도려내었다는 이야기를 하면서도 자신은 이 이야기를 믿지 않는다고 적고 있다.

18세기에도 민족지학자들은 아마조네스에 대한 연구를 멈추지 않았다. 예수회 선교사인 조셉프랑수아 라피토Joseph-François Lafitau는 1724년에 남아메리카 부족의 관습에 대해 쓴 글에서 이들의 여인 정치 체계는 어쩌면 선조인 고대 아마조네스로부터 유래했을 수도 있다고 밝혔다.

르네상스 시대에는 아마조네스 같은 여성의 업적에 대한 빼어난 묘사가 이루어졌다. 16세기 《광란의 오를란도》라는 수준 높은 작품에서 특히 인상적인 이야기가 펼쳐진다. 여전사 브라다만테는 사라센 전사인 루지오와 사랑에 빠지는데, 루지오가 전투에서 브라다만테에게 승리하고(이는 브라다만테가 루지오에게 내건 조건이다) 루지오가 기독교로 개종한 다음 이 둘은 결혼한다. 루지오의 여동생이자 암사자의 젖을 먹고 자란 고집 센 마르피사는 전투적인 맹

줄리오 로마노, 〈마르피사〉, 17세기 중반.

렬함에 있어서는 브라다만테를 능가한다. 그녀는 남자 기사처럼 옷을 입고 싸움에서 지는 법이 없었으며 평생 결혼하지 않더니 결국 샤를마뉴의 군대에 합류했다.

혹자는 그녀를 펜테실레이아에 비유하나 펜테실레이아와는 달리 그녀는 아킬레스에 무릎 꿇은 적이 없었다. 금발의 곱슬머리

외젠 들라크루아, 〈민중을 이끄는 자유의 여신〉, 1830년.

와 우아하게 아름다운 얼굴을 하고 '나는 나 자신 외에는 그 누구에게도 속하지 않는다'고 외치는, 어떤 남자나 여자에게도 매이지 않은 자유로운 영혼이다.

이 위대한 여성들의 이미지를 이어받은 인물 중에는 들라크루아가 〈민중을 이끄는 자유의 여신〉에서 묘사한 마리안(프랑스 공화국의 상징이기도 한 여성)이 있다.

마리안 역시 그녀의 신체적 특징을 한쪽 가슴을 통해 드러낸다. 노출된 가슴은 억압으로부터의 해방을 상징한다. 신화학자이자 미술평론가인 마리나 워너Marina Warner는 특히 아마조네스의 '흘러내리는 튜닉'을 그린 작품 속 비대칭적 자세에 주목해야 한다고 전한다. 수유를 위해 한쪽씩 노출되는 영양 공급원으로서의 가슴의 기능과 현재에 열중하여 자신을 잊은 열정적인 말괄량이를 동시에 묘사하고 있다고 말이다.

오노레 도미에의 유쾌한 석판화인 〈아마조네스〉 속 두 주인공의 가슴은 좀 더 조심스럽기는 하지만 여전히 부분적으로 노출되어 있다. 고전주의 시대부터 그리스 신화의 재연은 이처럼 숭고함뿐만 아니라 풍자를 위한 여유도 있었다.

마지막으로 다룰 신화적 관점은 아마조네스의 그리스 침략과 연관되어 있다. 고전주의 이후에는 아테네를 중심으로 이 신화를 얘기하는 빈도수가 줄어들었다. 그러나 종종 아테네가 아닌 다른 장소를 배경으로 신화가 재구성될 때면, 아마조노마키의 에피소드는 '그리스인들 vs. 비그리스인들' '문명인 vs. 야만인' '자신 vs.

에페소스 아르테미시온 제단에 새겨진 상처 입은 아마조네스, 기원전 4세기 후반.

오노레 도미에, 〈아마조네스〉, 1842년.

다른 사람'과 같이 대조의 근간으로서 계속 인기가 있었다.

이 중에 루벤스가 그린 위대한 작품과 대적할 만한 것이 있을까. 목판 위에 유채로 그린, 액션이 꽉 차 있는 이 엄청난 대작을 보라.

시각적 중심은 다리로, 다리의 위치는 아마조네스의 고향에 있는 테르모돈강으로 추정된다. 머리 없는 시체들이 다리 가장자리에서 아래쪽 강으로 피를 뚝뚝 흘리는 잔인함은 아마조네스의 침공을 그린 고대 예술적 전통 속 어떠한 작품도 능가한다.

피터 폴 루벤스, 〈아마존의 전투〉, 1615년경.

페미니스트에서 원더우먼까지

현대 아마조네스 해석에 있어서 가장 영향력 있는 이름을 꼽으라면 법학자인 동시에 문헌학자이자 인류학자인 J.J. 바호펜 J.J. Bachofen을 꼽을 수 있다. 바호펜에 따르면 인류 문명의 진화는 여성 중심의 여인 정치에서 가부장적인 사회 질서로 발전했다. 여인 정치 시기는 아프로디테 Aphrodite 시기와 데메테르 Demeter 시기로 세분화된다. 아프로디테 시기에서 출산은 남성으로부터 강요된 여성의 난잡한 성관계의 결과였다. 데메테르 시기는 질서 있고 혼인을 기반으로 한 사회적 합의 및 모계 계승이 특징이다. 바호펜은 이 두 시기 사이에 아마조네스의 생활 양식을 따르는 중간 시기가 있었다고 주장한다. 이 세 단계를 거친 후에야 사회 질서는 남성이 우월적 지위에 있는 가부장 시대로 발전했다.

여인 정치 시기가 가부장적 사회 도래 이전에 존재했다는 바호펜의 이론은 학계를 넘어 사회 전반에 엄청난 영향력을 끼쳤다. 우선 선사 시대를 연구하는 학자들과 몇몇 페미니스트 사상가들(바호펜을 다윈과 마르크스 동급으로 보았던 엥겔스 포함)에게 큰 환영을 받았다. 물론 바호펜 사상이 가지는 문제점도 있었는데 신화를 지나치게 단순화시켰다는 사실이 그것이다. 바호펜은 '모든 신화들은 인류가 경험한 실제 사건에 기인한다. 신화는 허구가 아니라 역사 속 실재를 구현하고 있다. 아마조네스 이야기는 단순한 시가 아니라 실제 존재한 사실이다'라고 주장한다.

신화는 어디까지나 상상력으로 창조한 이야기다. 역사적 사건, 현실 속 사건에 대한 반영이 아니다. 바호펜의 이론이 특정 지역에서 열광적으로 받아들여진 것은 사실이나 모계사회가 선사 시대에게해 주변 지역에 존재했다는 증거는 없었다.

역사가이자 민속학자인 에이드리엔 메이어Adrienne Mayor도 아마조네스 신화를 현실의 반영으로 보려는 시도를 한 바 있다. 아마조네스에 대한 고대 이야기들이 그리스·로마 시대의 순수한 상상이 아니라 흑해 연안 북쪽으로부터 중앙아시아 초원 지역에 거쳐 존재했던 유목민 여성 전사들의 사회를 반영했다는 주장이다. 메이어의 이론에 대해서는 학계의 호불호가 강하게 갈렸다. 물론 이러한 새로운 시도를 통해 매우 폭넓은 자료를 수집할 수 있었다는 장점도 있지만 고대와 현대의 신화와 역사적 증거들을 두서없이 결합했다는 치명적인 단점도 빼놓을 수 없겠다.

20세기를 거쳐 21세기에 이르기까지 아마조네스 신화는 사회·문화적으로 계속 영향력을 발휘했다. 그중 아마조네스와 승마 사이의 관계는 아마조네스라는 명칭 자체에서 새롭게 발견되기도 했다. '아마조나amazona'라는 단어는 스페인어와 그리스어에서 '여성 기수'라는 의미로도 쓰인다.

기수로서의 아마조네스의 이미지는 점차 확대해석되더니 급기야 유려한 마장 기술과 무기를 탑재한 아름답고 탄탄한 여성의 몸이 나치 독일에서 선전용으로 활용되었다. 1936년에서 1939년 사이 뮌헨의 승마 행사에서 기존에는 나치 친위대 기수들이 중요한 역할을 했으나 그 정점에서는 나체의 아마조네스가 님펜부르크 궁전의 마장 행렬에 참여했다. 남성의 관음적 환상을 충족시키기 위해 준비되었는데 이를 통해 동성애도 철저히 박멸하고자 하는 목표가 있었기 때문이다.

존 윈덤John Wyndham의 1956년작 SF 소설인 《그녀의 방식을 고려하라Consider her Ways》는 우연히 확산된, 남성에게만 치명적인 바이러스로 인해 모든 남성이 사라진 세계를 그리고 있다. 바이러스 이후의 새로운 세계에서는 사회가 다양한 계급으로 구분되어 있고 각 계급은 사회적 기능에 적합한 육체적 특징을 갖는다. 예를 들어 아마조네스로 알려진 노동자 계급은 거칠고 근육질이며 민소매 조끼와 청바지를 입고 작업용 장화를 신는다. 반대로 엄마로

〈아마조네스의 밤〉, 나치 선전 포스터, 1937년.

불리는 출산 계급은 끔찍하게 부풀어 오른 몸을 가지고 있고 파스텔 핑크색 옷을 입는다. 윈덤의 시각은 성에 대한 가정이 지금과 완전히 다른 세상을 생각하게 한다.

20세기 들어 아마조네스 신화는 여성이 자신들의 개인적인 열망과 집단적인 노력을 표현하거나 성적인 정체성을 표현하기 위해 자주 사용되었다. 20세기 초반에는 '아마조네스'라는 별칭으로 유명한 작가 내털리 클리퍼드 바니Natalie Clifford Barney가 파리에서 당대 예술계와 지성계의 거물들을 회원으로 둔 레즈비언 그룹을 결성하기도 했다. 여성 동성애자들에게 있어 아마조네스의 이러한 유토피아적 개념은 특히 1960년대부터 1980년대 많은 퀴어 문학에서 최상단의 위치를 차지했다.

조애나 러스Joanna Russ의 소설 《여성인 남자The Female Man》와 같이 과학 소설 장르에서조차 아마조네스 같은 여성들의 사회를 그렸다는 점은 따라서 그다지 놀랄 일이 아니다. 다음에서 드러난 것처럼 《여성인 남자》의 주인공은 신화 속 아마조네스가 자매라고 불렀을 만큼 강하고 독립적이다. 아마조네스가 상징하는 여성의 연대가 사냥이라는 통제된 공격성으로 표현되고 있다.

> 내 어머니의 이름은 에바, 다른 어머니의 이름은 얼리셔, 나는 재닛 에바슨이다.
> 열세 살 때 나는 북위 48도선 위 북대륙에서 소총 하나로 혼자 늑대를 죽였다.

독립적이고 거칠면서 매력이 넘치고 무기를 휘두르는 여성상은 현대 대중문화에서 절정에 다다른다. 1990년대 TV 시리즈물 《여전사 제나》의 주인공은 처음에는 어둠의 세력에 가담해 있다가 헤라클레스와의 만남을 계기로 결국 구원의 길을 가게 된다. 친구이면서 연인일 수도 있는 가브리엘과의 관계 덕분에 일부 팬들은 제나를 레즈비언으로 받아들이기도 했다. 제나 역시 갑옷과 가슴 보호대를 착용하고 있다.

갑옷과 가슴 보호대 같은 공격적인 신체 장신구는 힘을 상징한다. 마리나 워너는 '정복과 전투라는 남근적인 변증법 속에서 아마조네스는 근육질 여성의 모습을 통해 오늘날 여성들에게 언론의 자유를 효과적으로 부여한다'고 했다. 그러나 이러한 이미지는 동시에 포르노 영역에 가까워질 수 있다는 불편한 측면이 존재한다. 워너는 '포르노는 여성을 무장시키는 동시에 보호하기도 한다. 그녀들의 인정사정없는 표현과 잔인한 몸짓이 포르노의 상투적인 방식이다'라고도 했다.

아마조네스가 가진 현대의 상징적인 입지에 있어서 제나와 견줄 수 있는 인물은 1941년 DC 코믹스의 만화책 《원더 우먼Wonder Woman》이다. 원더 우먼은 데미스키라의 공주로 평생을 정의를 위해 싸웠다. 그녀의 혈통만큼 중요한 것은 그녀의 복장인데, 가슴과 골반 보호대는 표면적으로는 감싸고 보호하는 기능을 하나 실제로는 그녀의 성적인 매력을 강조하고 있다.

〈여전사 제나〉, 1996년.

〈원더 우먼〉 포스터, 2017년.

신화 속 아마조네스의 상징성이 수천 년을 지나도 뚜렷하게 존속하고 있다는 사실은 명백하다. 그런 점에서 이러한 지속성이 '아마조네스는 실제 사회를 반영하는 것인가?'라는 질문과 완전히 무관하거나 무관하여야 한다는 점도 명백하다.

여성의 가슴이 가지는 모호한 상징성, 여성의 공격성이 가지는 양면적인 가치, 성에 대한 제도화된 관계가 없는 사회에 대한 상상, 이는 이 신화가 제기하는 문제들 중 일부에 불과하다. 신화는 일종의 생각 실험이다. 아마조네스 신화는 가장 생산적이고 오래 지속되는 생각 실험 중 하나라 할 것이다.

5
복잡한 인간 심리의 표상
오이디푸스
Oedipus

오이디푸스의 존재감에 가장 큰 영향을 끼친 인물은 뭐니 뭐니해도 프로이트다. 그러나 오이디푸스 신화는 단순히 정신분석학 용어로만 활용되기에는 훨씬 더 많은 의미를 내포한다. 여기서는 프로이트를 넘어 오이디푸스 신화가 가진 다양한 의미에 초점을 맞출 것이다. 오이디푸스가 복잡한complex 인물인 것은 사실이나 콤플렉스를 가지는 것과는 완전히 다르다. 그의 복잡성을 구성하는 것은 무엇일까.

오이디푸스의 정체성에서 가장 중요한 측면은 그가 생각하는 사람이었다는 사실이다. 그는 평생 집요하게 해결하고자 했던 미스터리와 퍼즐에 시달린 사람이었다. 그는 또한 액션에 능한 사람이기도 했다. 가끔은 공격적인 방식을 취하기도 했지만 그렇다고 아킬레스, 페르세우스, 헤라클레스와 같이 전쟁에 참여하지는 않았다. 신화적인 인물의 측면에서 보자면 오이디푸스는 쉽게 악이 올라 치명적인 폭력을 가할 수 있는 특징이 있다. 이러한 특색에 방점을 찍고 더 나아가 복잡성을 강화시킨 것은 무언가 다른 것이었다. 오이디푸스는 끔찍한 도덕적 범죄의 의도하지 않은 가해자였다. 즉 그의 행동과 고통은 지적인 면과 본능적인 면의 독특한 혼합물이다.

그리스 신화를 관통하는 몇 개의 주제 중 가족, 정치, 선택, 신과 인간의 관계가 오이디푸스 이야기를 지배한다. 먼저 가족, 이 신화는 오이디푸스와 부모, 아내 그리고 그의 자식들 사이의 뒤틀린 관계를 다룬다. 정치면에서 오이디푸스는 도시 국가의 통치자로서 그의 개인적인 행동과 고통은 시민들의 삶에 근본적인 영향을 미친다. 선택이라는 주제는 어떠한가. 이 신화는 모든 일을 무릅쓰고 태생의 진실을 밝히려는 한 남자의 선택으로 인한 무시무시한 대가를 이야기한다. 마지막으로 신과 인간의 관계 측면으로 봤을 때, 사건들을 촉발시킨 동력 중 하나는 아폴론Apollo의 예언과 아폴론의 예언가인 테이레시아스Teiresias의 역할이다.

위 주제들을 하나로 묶는 추가적인 주제가 있다면 인간이 이해할 수 있는 범위의 불가피한 한계일 것이다. 이 신화의 중심에는 오이디푸스가 자신이 저지른 행동에 대한 철저한 무지에서 비롯된 두 개의 범죄가 있다. 아버지로 밝혀진 남자를 살해하고 후에 어머니로 밝혀진 여자와 결혼하는 것이다. 인간은 모두 태생과 관계에 대한 불완전한 지식을 근거로 행동한다. 오이디푸스는 부분적인 무지라는 인간의 약점을 상기시킨다. 이것이 바로 신화의 역할이다. 신화는 일상생활 속 문제를 과장하고 날카롭게 만들고 고조시킨다.

이로 인해 신화는 비극과 완벽하게 잘 어울린다. 비극이야말로 이야기를 과장하고 날카롭게 만들고 고조시키는 신화의 특징이 강력하게 드러나는 형식이며 그중 가장 유명한 것은 소포클레스Sophocles의 《오이디푸스왕》이다. 소포클레스를 들여다보기 전에 한 발자국 뒤로 가보자. 《오디세이아》에도 이미 오이디푸스 신화가 소개되었다. 《오디세이아》 11권에서 오디세우스Odysseus는 그가 저승을 방문했을 때 경험한 기괴한 사건들에 대해 이야기하는데, 그가 만난 영혼들 중 하나는 오이디푸스의 어머니로 여기서는 에피카스테라는 이름으로 불린다.

> [그녀는] 무지 속에서 아들과 결혼하는 끔찍한 일을 저지른다.
> 그는 아버지를 살해했고 그녀와 결혼했다.
> 그러나 신들은 곧 이 모든 사실을 인간에게 알렸다.
> 그러나 그는, 엄청난 슬픔 속에서도 그가 사랑하는 테베에서 카드메이안들을 통치한다.

이 모두는 신들의 씁쓸한 계획의 일부다.

그동안 그녀는 하데스의 문으로 내려갔다.

더 강한 자, 올가미를 묶어 천장에서 수직으로 목을 매달아,

그녀의 슬픔을 통제한다, 그러나 뒤에 남겨진

그에게 어머니의 분노가 낳은 모든 슬픔을 남겼다.

오디세우스는 오이디푸스가 그의 비극적인 가족 관계가 공개된 후에도 계속 테베를 다스렸다고 썼다. 다른 신화적 서술에서 오이디푸스가 진실이 밝혀진 직후 망명길에 올랐다는 것과 다른 양상을 띤다. 호메로스에 대한 설명을 마치기 전 《오디세이아》에는 언급되지 않은 두 가지 공백에 대해 알아둘 필요가 있다. 첫 번째는 오이디푸스가 스스로 눈이 멀게 했다는 사실로, 이는 비극적 태생이 공개되자 자신에게 가한 끔찍한 형벌이었다. 두 번째는 괴물 스핑크스를 무찌른 사실인데 이 승리 덕분에 오이디푸스는 막 남편을 잃은 여왕과 결혼하고 공석이 된 왕좌에 앉게 된다. 이 일화에 대해서는 특히 시각적 작품에서 많이 표현되고 있다. 이 신화 전체를 통틀어 가장 빈번하게 묘사되는 장면이기도 하다. 아킬레우스의 화가 같은 몇몇 예술가들은 반복해서 이 장면을 그리기도 했다.

헤라는 테베의 왕인 라이오스Laius가 저지른 성범죄에 대한 응징으로 스핑크스를 테베로 보냈다(라이오스는 펠롭스Pelops왕의 초청

아킬레우스의 화가, 오이디푸스와 스핑크스가 그려진 아테네식 붉은 그림 암포라, 기원전 450-440년.

으로 펠로폰네스를 방문했는데 펠롭스왕의 어린 아들에게 욕정을 느껴 납치했다). 스핑크스는 여자의 머리, 사자의 몸, 새의 날개를 가진 괴물이었다. 스핑크스의 행동은 그의 생김새 같이 괴기스러웠는데 여행객들에게 수수께끼를 내서 맞추지 못하면 잡아먹는 식이었다. 스핑크스가 낸 수수께끼는 다음과 같았다. '하나의 목소리를 가지고 있으면서 네 발로 가다가 두 발로 가고 그다음에는 세 발로 가는 것은 무엇인가?' 정답은 어릴 때는 두 손과 두 발로 기어 다니고 어른이 되면 두 발로 걷다가 나이를 먹으면 지팡이를 짚고 걷는 사람이다.

이 수수께끼를 풀 수 있을 만큼 똑똑한 누군가가 바로 오이디푸스였다. 명민한 그는 그리스 신화 중 힘을 쓰지 않는 비전형적인 영웅 부류에 속했다. 스핑크스와의 대적을 통해 오이디푸스는 인간 존재에 대한 수수께끼를 풀었다. 그렇다고 그가 자신의 존재에 대한 특별한 문제를 풀 수 있을까? 이제 본격적으로 소포클레스의 《오이디푸스왕》에 대해 이야기해볼 차례다.

이보다 더 고통스러운 비극은 없다

소포클레스의 연극을 정확히 이해하기 위해서는 소포클레스가 의도한 순서 그대로 줄거리를 이해해야 한다. 그래야만 인물들이 앞서 발생한 사건을 알고 있다는 오해를 피할 수 있다. 달리 말하면 인물들 각자가 자신만의 퍼즐을 완성할 때까지 아무것도 모른다고 전제해야 한다는 뜻이다.

연극은 이렇게 시작한다. 테베의 시민들은 전염병으로 고통받고 있고 통치자인 오이디푸스는 백성들의 고통을 보며 가슴 아파하고 있다. 위기 상황에 직면한 오이디푸스는 처남 크레온을 델포이 신전으로 보내 아폴론의 신탁을 받아보라고 한다. 크레온은 돌아와서 아폴론의 신탁을 전하는데 전염병의 원인은 이 도시에 종교적인 오염을 가져온 범죄라는 것이었다. 그 범죄란 오이디푸스보다 먼저 테베를 다스렸던 라이오스왕이 살해당한 사건으로 범인을 찾아서 벌하면 전염병이 물러갈 것이라고 했다. 이러한 측면에서 보면 이 연극은 살인 미스터리라고 할 수 있다. 그리스 신화에서는 일반적으로 살인자의 정체가 분명히 드러나므로 이 작품은 그리스 신화 중에서도 특이한 경우에 속한다.

오이디푸스는 라이오스의 죽음에 대해 아무것도 알지 못했기에 크레온에게 이에 대해 질문한다. 크레온은 두 명 이상의 산적들이 라이오스를 살해했으며 이는 라이오스의 신하들 중 유일하게 살아남은 목격자의 증언이었다. 오이디푸스는 이 살인자 무리를 찾아내겠다고 결심한다. 이 과정은 전부 공개적으로 이루어지는데 오이디푸스가 살인 사건을 조사하는 동안 연극무대에는 테베의 원로들로 구성된 코러스가 이 상황을 전부 지켜보고 있다.

오이디푸스는 이 살인 사건에 대해 아는 바가 전혀 없는 이방인이므로 동원 가능한 모든 자원을 투입하여 사건을 해결하고자 했다. 그러나 이방인임에도 불구하고 오이디푸스는 라이오스가 마치 자신의 아버지인 것처럼 그의 복수를 위해 최대한 힘쓸 것이었다. 소포클레스의 아이러니가 괜히 유명해진 것이 아니다.

오이디푸스는 코러스에게 의견을 묻고 코러스는 아폴론의 장님 예언가 테이레시아스에게 물어보길 제안한다. 오이디푸스는 테이레시아스를 부르지만 그의 도착이 계속 늦어진다. 마침내 비틀거리는 테이레시아스가 소년의 부축을 받으며 등장했을 때 그가 늦게 도착한 이유가 밝혀진다. 테이레시아스는 사건에 대한 진실을 공개하는 것을 심하게 주저한다. 결국 오이디푸스의 협박을 못 이긴 테이레시아스가 입을 연다.

당신이 찾고 있는 살인자는 바로 당신입니다!
당신은 스스로 알아채지 못한 채 당신과 가장 가까운
이와 수치스러운
관계를 맺고 있고 스스로 어떠한 곤경에 처해 있는지
모르고 있습니다.

아무것도 모르는 오이디푸스 입장에서는 이 모든 이야기가 의미 없는 모욕에 불과했다. 테이레시아스가 오이디푸스의 태생에 대해 말한 수수께끼 같은 암시 역시 이해할 수 없는 것은 마찬가지였다.

테이레시아스 : 당신이 사람을 시켜 나를 데리러 오지
    않았다면 난 절대 오지 않았을 것입니다.
오이디푸스 : 나는 네가 이토록 어리석은 이야기를
    늘어놓을지 몰랐다. 만약 알았다면 너를 절대
    초대하지 않았을 것이다.
테이레시아스 : 내가 비록 당신 눈에는 어리석은
    사람으로 보일지라도, 당신을 낳아주신 부모님
    눈에는 현명한 사람이었습니다.
오이디푸스 : 무슨 부모님을 말하는 거냐? 잠깐! 인간들
    중에 나를 태어나게 해준 자가 누구란 말이냐?
테이레시아스 : 오늘이 당신 부모와 당신이 파멸할
    날입니다.
오이디푸스 : 네가 하는 말은 너무 수수께끼 같고
    이해하기 힘들구나.
테이레시아스 : 당신이 그 유명한 수수께끼 해결사
    아닙니까?
오이디푸스 : 너는 내 뛰어난 능력을 가지고 나를
    조롱하는 것이냐!

오이디푸스는 상황 판단이 빠른 정치인답게 매우 합리적인 추론을 내놓는다. 테이레시아스가 오이디푸스의 왕좌를 노리는 이에게 매수를 당해 터무니 없는 헛소리를 늘어놓은 것이고, 유력한

용의자는 이오카스테의 남동생 크레온이라는 것이다. 이에 오이디푸스와 크레온 사이에 열띤 언쟁이 오가고 이오카스테가 일시적으로 둘의 싸움을 말린다. 이 언쟁 또한 예언가의 예언에서 비롯된 것임을 알게 된 이오카스테는 이런 예언들이 얼마나 신빙성 없는지 조롱하면서 오이디푸스를 안심시킨다.

그러면서 그녀는 결정적인 방향으로 이야기를 전개시킨다. 그녀는 델포이 신전에서 라이오스가 이오카스테와 낳은 아들에 의해 살해될 것이라고 예언했던 사실을 떠올리면서, 실제로 라이오스는 아들이 아니라 세 갈래 길이 만나는 장소에서 산적들에 의해 살해되지 않았냐고 이야기한다. 이오카스테는 들을 가치도 없는 예언 따위는 신경 쓰지도 말라며 오이디푸스를 달랜다.

세 갈래 길이 만나는 장소… 이오카스테의 말을 들은 오이디푸스는 혼란에 빠졌는데, 왜냐하면 그가 테베에 도달하기 직전 세 갈래 길이 만나는 곳에서 라이오스의 생김새와 일치하는 어떤 노인과 그의 하인들을 죽였기 때문이다. 오이디푸스는 라이오스의 살인자가 자신일지도 모른다는 두려움에 떨면서 생각을 계속 이어간다. 다행히 한 줄기 희망이 남아있다. 사건의 목격자는 라이오스를 죽인 게 산적들이라고 하지 않았던가. 목격자의 진술이 맞는다면 혼자 여행하던 오이디푸스가 라이오스의 살인자일 리 없었다.

결국 이 수사의 열쇠를 쥐고 있는 목격자를 반드시 찾아야 한다. 오이디푸스와 이오카스테의 대화가 이 연극의 중심축을 형성하면서 우리에게 많은 것을 알려주고 있다. 오이디푸스는 세 갈래 길이 만나는 곳에서 있었던 싸움에 대해 이야기하기 전, 애초에 그가 왜 그곳에 다다랐는지 설명한다. 오이디푸스는 고향을 떠나 필사적으로 도망치는 중이었다. 델포이 신전에서 온 예언자가 그가 아버지를 죽이고 어머니와 한 침대를 쓸 것이라고 예언했기 때문이었다. 끔찍한 일이 벌어질 가능성을 피하기 위하여 그는 고향인 코린트로부터 최대한 멀리 도망쳤는데, 여기까지 그가 생각한 아버지와 어머니는 코린트의 왕과 왕비였다. 오이디푸스가 이 가계도를 믿는 한 그가 생각하는 퍼즐의 결정적인 조각들은 결코 맞춰지지 않을 것이었다.

안타깝게도 그 조각들은 곧 짜 맞추어진다. 첫 번째 조각은 코린트에서 오이디푸스가 왕위를 계승해야 한다고 알려준 코린트 사신의 말이었다. 이 소식을 들은 오이디푸스는 슬프면서도 한편으로는 위안이 되었다. 아버지를 죽이고 어머니와 한 침대를 쓸 것이라는 예언 중에 최소한 아버지에 해당하는 내용은 근거 없음으로 밝혀졌기 때문이다. 그러나 예언의 나머지 반쪽은 남아있었기에 오이디푸스는 코린트로 돌아갈 수 없었다. 이때 코린트에서 온 사신은 오이디푸스의 초조함을 달래 주기 위하여 이렇게 말한다.

    코린트 사신 : 당신이 두려워할 이유가 하나도 없는 것을 모르십니까?
    오이디푸스 : 이 사람들이 내 부모라면 두려워하는 것이 마땅하지 않소.

코린트 사신 : 왜냐하면 폴리우보스는 당신의
친아버지가 아니니까요!

양치기였던 사신은 옛날 테베에 사는 다른 양치기와 함께 키타이론산에서 아기였던 오이디푸스를 건네받았다고 말한다. 이 아기는 양 발목에 구멍을 뚫어 함께 묶어놓은 업둥이었다. 오이디푸스가 자신의 태생을 확인하기 위해서는 이 테베에서 온 양치기를 찾아내야 했다. 코러스가 다음과 같이 합창한다.

내 생각에 그는 당신이 그토록 만나고 싶어하던
들판에서 온 자로 여기 있는 이오카스테가
가장 잘 이야기해줄 수 있을 것이다.

이들의 단순한 한마디가 이오카스테의 퍼즐에서 마지막 한 조각을 맞춘다. 그녀는 갑자기 달려가서 오이디푸스에게 살인자에 대한 수사를 중단하라고 애원한다. 그는 결정적인 마지막 조각을 찾아야 했기에 이오카스테의 부탁을 거절한다. 그러나 퍼즐 조각은 곧 발견되니, 테베에서 온 양치기가 바로 라이오스의 살해 장면을 목격한 자였기 때문이다. 오이디푸스의 두 가지 질문, '누가 라이오스를 죽였는가?'와 '나의 태생은 무엇인가?'에 대한 답이 곧 공개될 순간이었다.

테베에서 온 양치기가 무대에 등장하자 동료 양치기이자 코린트의 사신이 그를 알아본다. 불행한 테베인이 퍼즐을 다 맞추는 데는 아래와 같이 세 줄이면 충분했다.

코린트 사신 : 지금 말해보시오. 자식으로 기르라면서
　　　　　　내게 건네주었던 아이 기억하시오?
테베 양치기 : 뭐라고? 왜 그것을 나에게 묻소?
코린트 사신 : 친구여, 이 사람이 바로 그 아이였다오.

오이디푸스가 더욱 다급하게 질문을 던지나 테베의 양치기는 테이레시아스보다 더 말하기를 주저한다. 고문과 협박이 이어지자 비로소 그 버려진 아이가 라이오스의 집에서 데려온 아이였다고 말한다. 불쌍한 양치기는 '집에 있는 당신의 아내가 말해줄 것입니다'라고 덧붙인다. 이것이 마지막 퍼즐 조각이었다. 오이디푸스가 무대 밖으로 뛰쳐나가기 전에 내뱉는 마지막 대사는 뒤틀어진 관계와 같이 뒤틀어진 문장으로 그의 운명에 대한 그의 반응을 묘사하고 있다.

아! 아! 이제 모든 게 확실해졌다.
빛이여, 너를 마지막으로 한번 쳐다보아도 되겠느냐.
내가 태어나지 말았어야 할 부모로부터 태어났음이
드러났도다.
배우자로 삼아서는 안 되는 여자와 함께 살았도다.

죽여서는 안 되는 자를 살해했도다.

대단원에 이르러 분노와 회한이 마음껏 분출된다. 이오카스테는 수치심에 휩싸여 아들이자 남편과 함께 쓴 침실에서 목을 맨다. 달려가 그녀의 시체 위로 쓰러진 오이디푸스는 그녀에게서 금으로 만든 핀을 떼어내 자신의 눈을 반복해서 찌른다. 살아서 눈이 머는 것보다 죽는 것이 나을 것이라고 공포에 질린 코러스가 말하지만, 영혼이 저승으로 간다고 믿는 그리스인들의 믿음에 따르면 오이디푸스가 사후에 라이오스와 이오카스테와 만날 수밖에 없기에 차라리 아무것도 보지 않는 편이 나았다.

연극의 마지막 장은 이제 도시를 통치하게 된 크레온이 주도한다. 오이디푸스가 자신이 자란 키아티론산으로 추방해달라고 하자 크레온은 아폴론의 뜻을 따라야 한다고 대답한다. 이제 오이디푸스는 인생에 대한 통제권을 전부 다른 사람들에게 넘겼다. 코러스가 내린 결론은 불가능한 운명에 대한 교훈이 아니라 보편적인 것으로 '고통을 겪지 않은 채 인생의 마지막 기점을 넘기기 전까지는 어떤 인간도 결코 행복하다고 말할 수 없다'는 사실이다.

고난의 상징 그러나 스스로 선택한 운명

아리스토텔레스Aristotle는 《시편》에서, 가장 높은 수준의 깨달음(아리스토텔레스가 비극에서 가장 중요한 요소로 보았던)이란 소포클레스의 《오이디푸스왕》과 같이 반전을 동반한 것이라고 적고 있다. 오이디푸스가 코린트에서 온 이방인에서 테베의 토박이로 변함과 동

카포다르소의 화가, 오이디푸스가 진실을 발견하는 모습이 그려진 붉은색 꽃받침 크레타르, 기원전 330-320년.

시에 철저한 무지에서 강렬한 자기 인식으로 전환된 것을 소포클레스가 매우 중요하게 다루었다는 관점에서 보면 아리스토텔레스의 저러한 언급은 상당히 매력적이다.

그러나《오이디푸스왕》이 오이디푸스 신화를 각색한 유일한 고대 연극은 아니다. 오이디푸스 신화의 복잡한 전개와 폭발적인 결말은 연극에 최적화된 이야기였지만 그렇게 극적이지 않은 각색도 있었고 늘 그렇듯이 다양하게 변형되기도 했다.

몇몇 신화 이야기꾼들은 라이오스의 아이가 끔찍한 범죄를 저지를 것이라는 예언 후에 오이디푸스가 바다에 버려졌고 코린트 근처 해변으로 떠내려오자 폴리우보스와 그의 아내가 오이디푸스를 구해주었다고 한다. 다른 변형된 작품에서는 오이디푸스가 라이오스의 하인들에 의해 눈이 멀게 된다. 또 다른 변형된 작품에서는 끔찍한 진실이 밝혀진 후에도 이오카스테가 자살하지 않고 살아 있는데 오이디푸스 사이에 낳은 두 아들이 전투에서 서로를 죽이자 그때 비로소 스스로 목숨을 끊는다. 이때 근친상간의 충격을 완화시킬 목적으로, 오이디푸스의 자식들이 실은 이오카스테가 낳은 것이 아니라 다른 여성과 사이의 자식이라는 설도 있다.

표면적으로는 소포클레스와 비슷하지만 세부 내용이나 특히 분위기 면에서 매우 다른 작품을 꼽자면 세네카가 쓴《오이디푸스》를 들 수 있다. 숨 막히도록 우울한 이 작품에서 주인공은 극의 시작부터 자신의 저주받은 운명을 예견한다.

나는 입에도 담을 수 없는, 내 아버지가 내 손에
살해당하는 일을 두려워하고 있다. 델포이 신전의
신탁은 나에게
이에 대해 경고하고, 내가 이보다 더 큰 범죄를 저지를
것이라 한다.
포이보스는 아버지의 침실로 그 아들을 위협하나니,
사악한 욕망으로 더럽혀진 악명 높은 침대가 그곳에
있다.
나는 모든 것이 두렵나니, 나는 나 자신을 믿지 않는다.

소포클레스 작품과의 차이점은 더럽고 피범벅인 라이오스의 형상이 나타나 오이디푸스가 저지른 흉측하고 불경스러운 친족 살해와 근친상간 행위에 대해 떠드는 장면이 등장한다는 점이다. 또한 소포클레스 작품에서와 마찬가지로 오이디푸스는 크레온의 계략을 의심하나 세네카는 여기에 극적 긴장감을 더욱 고조시킨다. 오이디푸스는 올바른 통치자는 공포스럽더라도 할 일은 해야 한다는 신념에 따라 처남인 크레온을 지하 감옥에 가둔다.

세네카의 작품에도 두 양치기 사이의 대화가 나오지만 묘사가 훨씬 처절하다. 아기인 오이디푸스의 발목이 철심으로 뚫린 것에 그치지 않고 발목의 상처가 감염되어 곪아 터지고 부풀어 오른다. 세네카의 오이디푸스도 스스로 눈을 멀게 하나 이오카스테에 의해 사건은 새로운 방향으로 전개된다. 이오카스테는 목을 매는 대

신 자궁을 꿰뚫을 정도로 칼을 깊숙이 찌른다. 이것이 상징하는 바는 명확하다. 남편이 된 아들도, 근친상간으로 낳은 자식들도 모두 이 자궁에서 잉태되었다는 사실이다.

그러나 여기에는 더 많은 의미가 내포되어 있을 수 있다. 로마의 역사가인 타키투스Tacitus는 네로의 어머니 아그리피나Agrippina 살해에 대해 쓴 흥미로운 글에서, 아그리피나가 그녀를 죽이려는 군인 앞에서 '내 자궁을 찔러라!'라고 외쳤다고 밝힌다. 네로가 어머니와 근친상간을 한다는 소문이 끊이질 않았다는 사실을 보면, 세네카 연극의 영향을 받아 신화를 모방하는 당시 시대상에 주목할 만하다.

세네카의 비극은 《오이디푸스왕》의 속편에 해당한다. 소포클레스가 말년에 쓴 비극인 《콜로누스의 오이디푸스》는 '오이디푸스 고난'의 신비롭고 수수께끼 같은 마지막을 이야기한다. 눈먼 추방자로 수년간 떠돌아다닌 오이디푸스 곁에 남은 사람은 사랑하는 딸 안티고네뿐이다. 오이디푸스는 마침내 콜로누스에 있는 숲에 다다르게 되는데, 이곳은 아테네에 속하는 지역으로 테세우스가 통치하고 있는 도시였다. 자신의 위치를 확인한 오이디푸스는 신이 내린 그의 최종적인 운명이 무엇인지를 깨닫는다. 아폴론의 신탁에 따르면, 그가 현재 있는 곳이 저주받은 삶에 종말을 고하는 장소이며 그에게 안식처를 제공하는 자들에게 축복이 내려질 것이기 때문이다.

테세우스는 오이디푸스의 끔찍한 정체를 알게 된 후에도 그를 환영한다. 오이디푸스에게는 여전히 자신을 쫓아낸 테베인들에 대한 맹렬한 분노가 남아있었다. 그러나 그는 자신의 죽음을 분노가 아닌 고요함 속에서 맞이하게 될 것이었다. 그의 죽음에는 무엇인가 신비로운 것이 있었는데 이는 한 사람만이 눈치챌 수 있었다.

> 그가 어떤 죽음을 맞이하여 사라졌는지, 인간 중에
> 이를 말해 줄 수 있는 자는 테세우스뿐이다.
> 신이 내린 활활 타오르는 벼락이 그를 내려친 것도
> 아니고,
> 바다 태풍이 일어난 것도 아니었으니,
> 신들이 보낸 전령이 있었거나 저승에 사는 사람들이
> 속해 있는
> 어두운 지구의 중심이 친절하게 문을 열어 주었을
> 것이다.
> 오이디푸스는 어떠한 회한도 없이, 질병으로 고통받지
> 않고
> 인간을 이렇게 표현하는 게 맞는지 모르겠지만,
> 놀라운 방식으로 눈을 감았다.

오이디푸스를 매장한 장소도 신비로움으로 가득했다. 그의 두 딸들조차도 그의 매장 장면을 볼 수 없었다. 안티고네의 첫 번째 소원인 '아버지의 무덤을 보는 것'은 이루어지지 않았으나 테세우

오이디푸스가 눈을 찌르고 이오카스테가 자살하고 두 아들이 서로를 죽이는 모습이 그려진 보카치오의 〈유명한 여성에 대하여〉 삽화, 1440년경.

스는 그녀의 두 번째 소원인 '테베로 돌아가서 남동생들이 서로 죽이는 일을 막는 것'은 기꺼이 들어주었다. 소포클레스의 다른 위대한 비극인 《안티고네》에 등장할 사건에 대한 일종의 암시라 할 것이다.

다음 이야기로 넘어가기 전에 이 신화에 대해 두 가지 잘못 알려진 디테일에 대해 짚고 넘어가자. 하나는 오이디푸스라는 이름이다. 가장 보편적이고 신빙성 있는 해석에 따르면 그 이름은 '부어오른 발'이라는 뜻으로, 오이디푸스가 젖먹이였을 때 발목을 뚫고 철심으로 묶은 데서 비롯된 신체적 기형을 암시한다. 그러나 고대 그리스의 종교를 연구하는 역사학자 얀 브레머Jan Bremmer는 고대 신화에서 오이디푸스의 신체 손상은 중요한 요소가 아니라고 지적한다. 그저 버려진 아기가 처한 곤경을 강조하는 정도의 의미라는 것이다. 따라서 현대의 해설자들이 오이디푸스가 절름발이였다는 사실을 중요하게 다루는 것은 실제 고대에서 별 의미가 없었던 작은 디테일에 잘못 집중하는 것이라고 하겠다.

다음은 운명과 관련된 오해다. 배우이자 감독인 로렌스 올리비에Laurence Olivier가 《햄릿》의 줄거리를 '스스로 결정 내리지 못한 한 남자의 비극'이라고 잘못 축약한 것처럼 《오이디푸스왕》도 종종 운명의 가혹함과 그에 따른 인간의 자유의지 결여라는 메시지를 전달하는 것으로 해석되곤 했다. 오이디푸스 신화에서 델포이 신전의 신탁이 중요한 의미를 갖는 것은 사실이다. 그러나 이 신화의 가장 중요한 두 가지, 오이디푸스가 반드시 진실을 밝히겠다고 마음먹는 것과 그가 스스로 눈이 멀게 하는 것은 오로지 오이디푸스의 선택이다. 오이디푸스에게는 다르게 행동할 수 있는 자유가 있었으나 그는 그렇게 하지 않았다.

프로이트가 촉발한 원초적 성욕의 상징

고전주의 시대부터 무수히 많은 작가들과 예술가들이 오이디푸스에 대해 다루었다. 여기에는 대조적이나 불가분적인 두 개의 지배적인 이미지가 있는데, 하나는 완전한 지식을 앎으로써 승리를 누리는 인간이고 다른 하나는 지식에 대한 지나친 욕망 혹은 운명의 장난 혹은 이 둘의 조합으로 엄청난 파멸을 겪는 인간이다.

오이디푸스 신화에 대한 가장 독특한 해석 중 하나로는 철학자이자 과학자인 프랜시스 베이컨의 해석을 들 수 있다. 《고대인들의 지혜》라는 책에 실린 스물여덟 번째 이야기는 오이디푸스의 긍정적인 업적만을 다루고 있다. 베이컨의 관점에서 스핑크스는 과학에 대한 우화적인 상징이다. 스핑크스(과학)는 인간들에게 다양한 어려운 문제를 던지고 이에 대해 해답을 제시하려는 시도는 전통을 대체하는 결과를 불러온다. 베이컨에 따르면 스핑크스의 수수께끼는 두 가지 종류였는데 하나는 사물의 본성, 다른 하나는 인간의 본성에 대한 것이었다.

오이디푸스에게 주어진 문제는 후자였다. 성공적인 해답은 그에게 힘을 실어주었다. 인간 본성을 깊이 있게 들여다보고 관찰한 자는 자신의 운명을 스스로 지배할 것이기 때문이다. '갈기갈기 찢기는 것'에 대해서 베이컨의 의도는 이렇다. 과학적 연구를 개시하려는 자에게는 당황스러운 결과일 수 있지만 과학자가 되려는 자는 고통을 감수할 만큼의 준비가 되어 있어야 한다는 것이다. 그리고 이러한 방법이 결국 '갈기갈기 찢기는 것' 즉 과학적 난제를 풀지 못할 가능성을 줄여준다는 것이다.

베이컨의 명상적인 우화와 퍼시 비시 셸리의 외설적인 패러디인 《타이라누스 : 또는 절름발이 폭군Tyrannus ; or, Swellfoot the Tyrant》은 얼마나 대조적인가. 이 작품은 조지 4세 치하의 방종하고 무능력한 정권에 대한 흥겨운 풍자극으로, 조지 4세로부터 버림받은 캐롤라인 부인에 대한 간통 재판을 다루고 있다. 이 연극이 소포클레스의 작품을 반영하는 부분은 연극의 시작 장면으로, 테베의 절름발이 폭군은 파미네 사원에 있고 굶주린 돼지 무리는 폭군으로부터 학대받고 있다. 폭군은 자신의 몸의 둥근 지방 덩어리에 대한 애정 어린 시선으로 멍하니 생각한다.

> 왕다운 배가 훈풍 앞의 돛처럼 부풀어 올랐구나.
> 성스러운 아래쪽 돌기들은
> 지방으로 겹겹으로 쌓여 만족한 채 누워 있구나.
> 보이오티아 사람 같은 볼은 마치 이집트의 피라미드 같구나.

걱정 없는 내 뇌의 원뿔을 유지하자,
그 끝, 의미 없는 무의 상징!

절름발이에게 버림받은 부인은 남편과 궁전을 더럽고 흉측한 동물로 변신시킴으로써 마땅한 벌을 내린다. 이 풍자극은 절름발이에게 버림받은 부인이 말쑥하게 사냥꾼 복장을 차려입고 돼지 무리로 변한 왕과 신하들을 격정적으로 쫓아가면서 끝을 맺는다.

베이컨보다 덜 독특하고 셸리만큼 격정적이지 않으며 소포클레스나 세네카 또는 이 둘로부터 영향받은 오이디푸스 신화에 대한 각색은 수백 개가 존재한다. 프랑스에서는 피에르 코르네유Pierre Conerille, 볼테르Votaire, 앙드레 지드Andre Gide가 각각 오이디푸스를 연극으로 각색했다. 장 콕토Jean Cocteau의 연극《지옥의 기계La Machine infernale》와 알랭 로브그리예Alain Robbe-Grillet의 소설《지우개들Les Gommes》은 이 신화에 대해 생각할 거리를 안겨주는 실험적 작품들이다.

영어로 쓰인 작품으로는 존 드라이든John Dryden의《오이디푸스》, T.S. 엘리엇T.S. Eliot의《원로 정치인The Elder Statesman》, 나이지리아의 극작가 올라 로티미Ola Rotimi의《비난받을 자는 신이 아니다The Gods Are Not To Blame》가 있으며, 이외에도 다양한 작가들이 각자 고유한 연극적 실험을 시도했다.

이 밖에도 후고 폰 호프만슈탈Hugo von Hofmannsthal의《오이디푸스와 스핑크스Oedipus and Sphinx》와 프리드리히 뒤렌마트Friedrich

Durrenmatt의 코믹하지만 깊은 의미를 내포한 《피티아의 죽음The Dying of the Pythia》은 독일어로 쓰인 연극이며 이집트 출신의 극작가 타우픽 알하킴Tawfiq al-Hakim의 《오이디푸스왕》은 아랍어로 쓰였다.

소포클레스의 《오이디푸스왕》이 오페라로 각색되어 1585년 이탈리아 비첸차의 웅장한 올림픽 극장에서 공연된 이후 이 신화를 오페라, 오라토리오, 발레 및 기타 음악적 형태로 각색하는 시도가 널리 확산되었다. 이 중에서 이고르 스트라빈스키Igor Stravinsky의 엄청난 오페라인 〈오이디푸스왕〉에서는 라틴어 가사로 불리는 노래 사이사이 해설가가 공연되는 나라의 언어로 설명을 해준다.

연극과 음악 장르에 비해 회화적인 각색은 그 수가 훨씬 적었다. 고대뿐만 아니라 현대 미술에서도 각광 받은 주제는 스핑크스와의 대결이었다. 앵그르Ingres와 귀스타브 모로 Gustave Moreau의 대표적인 작품들은 각각 오이디푸스가 상대방을 똑바로 쳐다보는 장면을 묘사하고 있다.

두 작품 모두 새로운 영역을 탐구하고 있는데 상당히 에로틱한 분위기를 풍긴다. 앵그르는 벌거벗은 오이디푸스의 시선이 스핑크스의 가슴을 향한다. 모로의 그림은 더욱 놀랍다. 잘생긴 젊은이와 여성인 반인반수 사이의 대담한 시선 교환과 스핑크스가 오이디푸스 몸에 착 붙어 있는 모습을 통해 둘 사이의 성적 욕망을 암시한다.

물론 이 둘의 대결은 완전히 다른 방향으로도 얼마든지 해석된다. 프랑스 캐리커처 작가인 오노레 도미에는 특유의 아이러니한

앵그르, 〈오이디푸스와 스핑크스〉, 1808년.

귀스타브 모로, 〈오이디푸스와 스핑크스〉, 1864년.

오노레 도미에, 〈오이디푸스와 스핑크스〉, 1842년.

반전을 표현한다.

《오이디푸스왕》을 공연하는 연극의 무대 위 장면을 그린 그림도 있다. 르누아르Renoir의 회화는 소포클레스 비극을 프랑스에서 각색한 연극 공연을 표현한다. 스스로 눈을 멀게 한 오이디푸스가 그의 궁전에서 나오고 있는 장면을 묘사하고 있다.

이제 지그문트 프로이트Sigmund Freud에 대해 말할 차례다. 프로이트는 1899년, 《꿈의 해석Traumdeutung》에서 오이디푸스와 부

오귀스트 르느와르, 〈오이디푸스왕〉, 1895년.

모 사이의 관계가 그의 정신세계를 이해하는 열쇠를 제공한다는 이론을 제시하여 세상을 뒤흔들었다. 사회학자인 앨런 존슨Allen Johnson과 인류학자인 더글러스 프라이스윌리엄스Douglass Price-Williams는 오이디푸스 콤플렉스 이론이 전 세계적으로 얼마나 만연되어 있는지를 조사한 뒤 이 이론을 다음과 같이 요약한다.

프로이트는 오이디푸스 콤플렉스를 심리분석 이론의 중심축으로 보았다. 프로이트는 꿈에 대한 분석과 소포클레스의 《오이디푸스왕》과 셰익스피어의 《햄릿》에 대한 연구를 통해, 모든 소년은 어머니와 결혼하기 위하여 아버지를 죽이고 싶어하는 단계를 거친다고 결론지었다. 프로이트가 주장하기로는, 이러한 금기시되는 욕망을 통제하고 거부하면서 소년은 도덕성과 규율을 받아들이고 성숙해가면서 사회적으로 승인된 형태의 일과 사랑에서 만족감을 얻게 된다. 그러나 과거의 욕망은 사라지는 것이 아니라 억압되는 것으로, 무의식 속에 자리 잡고 있다. 오이디푸스 콤플렉스에 대한 이야기는 오이디푸스 콤플렉스는 해결되었을 지라도 그 잔재가 계속 삶 속에서 인간의 행동에 영향을 미친다는 증거다.

앵그르의 〈오이디푸스와 스핑크스〉 모작이 프로이트의 상담실 벽에 걸려 있었던 데는 그만한 이유가 있었다. 프로이트가 창립한 국제정신분석학회의 로고가 오이디푸스와 스핑크스였던 것이다. 과연 프로이트의 주장대로 모든 사람들을 오이디푸스로 볼 수 있을 것인가. 모든 소년이 아버지를 죽이고 어머니와 결혼하고 싶은 무의식적인 욕망이 있는 것인가.

이 이론은 심리학적인 측면뿐만 아니라 인류학적인 측면도 갖는다. 프로이트는 원시 사회가 문명 사회로 전환된 결정적인 순간은 남성 집단이 아버지를 죽이고 어머니를 취한 다음 죄책감을 경험한 후 근친상간과 부친살해를 금지했을 때라고 주장했다. 다만 아버지에 대한 공격성과 어머니에 대한 성적 욕망은 사라진 것이 아니라 억압된 것이다. 꿈뿐만 아니라 신화 속에서 이러한 것들이 표출된 것이다.

프로이트의 이론은 논란의 여지가 많은 것 이상으로 격렬한 반대에 부딪혔다. 선천성과 보편성을 논할 때 특히 그랬다. 프로이트 이후 심리학자들의 의견은 분분했다. 자크 라캉Jaques Lacan의 다소 수용적인 의견부터 질 들뢰즈Gilles Deleuze와 펠릭스 가타리Félix Guattari의 공격적인 반대 의견, 콤플렉스를 억압적인 의학적 통제 수단으로 본 미셸 푸코Michel Foucault의 의견에 이르기까지 다양했다. 특히 페미니스트들은 프로이트의 남성 우위론을 혹평했는데 수수께끼 해결을 남성 특유의 활동으로 보고 남성의 육체, 욕구, 충동이 온전히 기준이 되는 것을 격렬히 반대했다.

어쨌거나 이 책에서는 프로이트의 오이디푸스에 대한 이론이 예술적인 상상력을 어떻게 확장시켰는지 살펴보는 데 중점을 둘 것이다. 프로이트 이론의 영향을 받은 예술 작품은 과학적 평가와 무관하게 작품 자체로 가치를 인정받아야 하기 때문이다.

오이디푸스 신화는 몹시 민감한 줄거리 탓에 회화보다 연극과 영화에서 더 큰 반향을 불러 일으킨다. 종종 코믹하게 연출되기도 하는데 우디 앨런Woody Allen의 옴니버스 영화《뉴욕 스토리》중 세 번째 단편인 〈오이디푸스 콤플렉스Oedipus Wrecks〉는 통제하는 어머

우디 앨런, 영화《뉴욕 스토리》중〈오이디푸스 콤플렉스〉스틸컷, 1989년.

니 때문에 계속 창피를 당하는 뉴욕의 변호사 셸던에 관한 이야기다.

사람을 사라지게 하는 마술에 참여한 어머니가 무대에 오르고 마술로 갑자기 사라지자 아들의 심리적인 고통은 사라지는데, 어느 날 어머니의 거대한 이미지가 도시 하늘에 나타나서는 하늘에서 모든 것을 내려다보면서 아들에게 계속 창피를 준다. 이 영화가 소포클레스 작품과 갖는 공통점은 말장난하는 제목뿐이지만, 제목에서 오이디푸스를 언급하는 것만으로도 프로이트가 미친 전방위적인 영향력을 확인시켜준다고 할 것이다.

이 신화의 본래 어두운 분위기보다 더 어둡게 각색한 작품도 있다. 리타 도브Rita Dove의 강렬한 시극《지구의 어두운 얼굴The Darker Face of the Earth》은 오이디푸스 신화를 전쟁 전의 미국 남부를 배경으로 재배치하고 있다.

농장 안주인 아말리아는 흑인 노예 헥터와 연인이 되어 아들을 낳게 되자 그녀와 그녀의 남편은 아이를 반짇고리에 담아서 몰래 노예로 팔아버린다(그녀의 남편은 아이가 죽기 바라면서 반짇고리 안에 박차를 넣어둔다). 성인이 되자 이 아이는 오거스터스라는 이름으로 아말리아에게 다시 팔려오고 그의 정체를 모르는 아말리아는 젊은 오거스터스를 다시 애인으로 삼는다. 한편 오거스터스는 노예들의 선봉에 서서 격렬한 격투 끝에 헥터를 살해하게 된다. 박차로 인해 생긴 오거스터스의 오래된 상처를 본 아말리아는 오거스터스에게 자신이 어머니이고 헥터가 아버지라는 사실을 폭로한다. 결국 아말리아는 수치심으로 스스로를 칼로 찔러 목숨을 끊고 오거스터스는 동료 노예들로부터 추앙을 받게 된다.

이 시극의 지배적인 배경은 노예제도가 만연한 미국이지만 의도적으로 그리스 비극의 원본을 매우 충실하게 따르고 있다. 특히 주목할 만한 점은 부두교 예언자인 스킬라로, 무아지경 상태에서 나오는 그녀의 불길한 예언은 테이레시아스의 예언이 그랬듯 이야기의 틀을 잡고 예지하는 기능을 한다.

완전히 다른 분위기이지만 그리스 비극을 온전히 반영한 또 하나의 작품은 영국의 극작가 스티븐 버코프Steven Berkoff가 쓴 1980년작 《그리스인Greek》이다. 런던 이스트 엔드의 노동자 계층을 그린 희곡으로, 노골적인 욕설이 대사의 거의 대부분을 차지한다. 비속어와 욕을 입에 담고 사는 주인공 에디를 부모가 축제에 데리고 가는데 그곳에서 만난 집시 점쟁이로부터 에디가 아버지를 죽이고 어머니와 동침한다는 무서운 이야기를 듣는다. 이 연극에서는 《오이디푸스왕》의 역병과 가난을 동일하게 구성하는데, 가난을 벗어나기 위해 에디는 집을 떠난다. 어느 날 그는 식당 매니저와 다툼을 벌이게 되고 매니저를 모욕하여 죽게 만든다. 그리고 매니저의 아내와 눈이 맞아 결혼한다. 갑자기 그리스 신화 속 스핑크스가 깜짝 등장하여 에디에게 수수께끼를 내고 아래와 같이 에디는 대답을 하는데 그 내용은 상당히 외설적이다.

> 스핑크스 : 자, 들어보아라. 아침에는 네 발로, 오후에는
> 　　　　　두 발로, 저녁에는 세 발로 걷는 것은 무엇이냐?
> 에디 : 사람! 인생의 아침에는 네 발로 기어가고,
> 　　　젊은 시절인 오후에는 두 발로 걷고, 저녁에
> 　　　여자 앞에서 발기되어 있을 때 세 번째 다리가
> 　　　나타나지.
> 스핑크스 : 이 자식, 수수께끼의 답을 찾으려고
> 　　　　　속임수를 썼구나.

결국 에디의 태생에 대한 진실이 밝혀진다. 그의 진짜 부모는 템스강 보트 여행 도중 독일군의 지뢰로 배가 폭파되면서 죽었고 아기였던 에디는 살아남아서 한 커플에 의해 구조되었다. 에디가 이 모든 사실을 알게 되었음에도 진실의 결과는 자해라는 클라이

맥스로 치닫지 않는다. 버코프는 연극의 서문에서 다음과 같이 쓰고 있다.

> 현대판 오이디푸스 이야기를 쓸 때 동시대와 유사점을 찾는 것은 어려운 일이 아니었지만, 눈이 멀게 한 장면에 다다르자 나는 글쓰기를 멈추었다. 에디의 반운명론적인 기질을 감안할 때 에디가 그와 같은 자기혐오의 행동을 하는 것은, 신화에 대한 어설픈 모방이 목적이 아닌 한 내 작품에서는 말이 안 되는 설정이었기 때문이다.

실제로 《그리스인》의 마지막 대사에서 에디는 기쁨에 차서 두 가지 상당히 다른 관점에서 경험한, 어머니와의 관계에서 느낀 엑스터시를 자축한다.

지금까지 오이디푸스 신화에서 앎과 진실을 추구하는 욕망과 문제를 해결하는 과정, 두 가지 측면을 반복해서 강조했는데 새롭게 한 가지를 덧붙이자면, 이 신화 속 문제를 해결하는 데 필수적이었던 숫자와의 연관성이다. 오이디푸스는 하나의 개체가 네 발로, 두 발로, 세 발로 걸을 수 있다는 사실을 깨달음으로써 스핑크스의 암호를 해독한다. 소포클레스 연극의 클라이맥스에서 코러스는 수 세대를 거친 인류는 결국 0에 수렴한다는 사실을 발견한다. 그런가 하면 오이디푸스의 정체에 대한 수수께끼는 한 사람과 복수의 산적들 사이의 동일성으로 압축된다. 오이디푸스 신화를 이해하는 과정에서 숫자와의 연관성을 발견한 매력적이고 흥미로운 해석이다.

미국의 재즈 뮤지션 톰 레러Tom Lehrer가 오이디푸스에 대해 쓴 인상적인 노래는 다음과 같이 끝을 맺는다. 레러가 음악적 재능 외에도 대학에서 수업을 할 만큼 저명한 수학자라는 사실은 우연이 아닐 것이다.

> 엄마를 다정하고 착하게 대하고 엄마랑 이야기를 나누어요.
> 엄마에게 사탕이나 꽃 몇 송이 혹은 새 모자를 사주세요.
> 그러나 거기까지예요.
> 그렇지 않으면 당신은 상당히 복잡한 콤플렉스에 빠져서
> 오이디푸스처럼 인생을 마감할지 몰라요.
> 나는 늙은 오이디푸스왕처럼 되느니
> 차라리 오리너구리랑 결혼할 거예요.

6
선택과 순위 매기기의 딜레마
파리스의 심판
The Judgment of Paris

애거서 크리스티Agatha Christie의 소설 《에지웨어 경의 죽음Lord Edgware Dies》, 난봉꾼 에지웨어 경에게 버림받은 아내 제인 윌킨슨에게는 완벽한 알리바이가 있는 것으로 보인다. 살인 사건이 벌어진 때에 열렸던 디너파티에 참석했고 함께 있었던 지인들이 이 사실을 확인해준 것이다. 그러나 파티 손님 중 하나였던 도널드 로스가 제인과 점심식사를 하면서 트로이의 왕자 파리스에 대한 이야기를 했는데, 제인이 파리스를 프랑스의 수도로 잘못 이해하는 해프닝이 일어난다.

도널드 로스는 제인이 디너파티에서 호메로스와 그리스 신화에 대해 상당히 해박했던 사실을 떠올리고 이 의심스러운 정황을 탐정 에르퀼 푸아로에게 털어놓으려고 하나 살해되고 만다. 결국 사건의 전말이 밝혀지는데, 디너파티에 참석했던 여자는 제인이 아니라 제인이 고용한 연기자였다. 작은 해프닝 하나로 남편을 살해한 제인의 범죄가 드러난 것이다.

애거서 크리스티 소설이 출판되던 시기, 1930년대는 이처럼 '파리스의 심판The Judgment of Paris'이 대중에게 제대로 알려지지 않았으나 대중에게 제대로 알려지지 않은 정도는 현대로 갈수록 더 심해지고 있다. 그럼에도 불구하고 사회문화적으로 여전히 강력한 상징을 갖는 것이 바로 파리스의 심판이다. 헤라, 아테나, 아프로디테, 세 여신 중에 누가 가장 아름다운가를 판정해야 하는 트로이의 왕자 파리스가 처한 딜레마 때문이다. 이 신화 속 파리스가 고민하는 짧은 순간은 그리스와 로마 시대 사람들뿐만 아니라 인간의 삶에 대해 고민하는 모든 이들에게 근본적인 질문을 던진다.

이야기는 인간인 영웅 펠레우스와 바다 요정 테티스의 결혼식에서 시작된다. 원래 제우스가 테티스의 환심을 사려고 했으나, 테티스가 낳은 아들은 자신보다 더 막강한 힘을 가질 것이라는 예언을 듣고 마음을 바꾸고 테티스를 인간과 결혼시킨 것이었다. 펠레우스는 뛰어난 업적에도 불구하고 어디까지나 인간이었기에, 테티스와의 결혼은 둘 사이의 격차를 더욱 벌려놓았고 결국 둘은 헤어진다.

둘의 결혼식은 펠리온산에서 거행되었다. 펠리온산은 온통 축제 분위기였으나 이 축제에 초대받지 못한 자로 인해 모든 비극이 시작된다. 로마 신화학자인 히기누스Hyginus는 다음과 같이 적고 있다.

> 주피터(제우스)는 펠레우스와 테티스의 결혼식에 에리스를 제외한 모든 신들을 초대했다. 뒤늦게 나타난 그녀가 연회장에 들어갈 수 없자 문틈으로 사과 하나를 던지고는, 가장 아름다운 자가 그 사과를 가질 자격이 있다고 말한다. 주노(헤라), 비너스(아프로디테), 미네르바(아테나)는 서로 자신이 이 아름다움에 대한 상을 받을 자격이 있다고 주장한다. 이들 사이에서 엄청나게 큰 다툼이 벌어진다.

갈등 혹은 불화를 뜻하는 에리스Eris는 열등한 신이었지만 매력적이고 사람들에게 동요를 일으키는 능력이 있었다. 그렇다면 왜 사과인가? 몇몇 원전들은 그냥 보통 사과가 아니라 요정 헤스페리데스Hesperides가 머리가 백 개 달린 흉측한 뱀과 함께 지키고 있는 과수원에서 가져온 황금 사과라고 말한다. 이 황금 사과는 가이아가 제우스와 헤라의 결혼 선물로 준 것이므로 결혼을 상징한다고 할 수 있다.

어찌 되었건 그녀가 던진 사과에는 글귀가 새겨져 있었는데 보편적으로 이야기되는 글귀는 '가장 아름다운 이를 위하여'다. 이 사과는 미의 대결에서 우승한 여신에게 수여되는 일종의 상이었다. 자존심이 센 신이라면 거부할 수 없는 도전이었다. 다른 신보다 덜 아름답다고 평가되는 것은 결코 용납되지 않는 큰 모욕이었다.

고전 신화 전체를 통틀어 가장 크고 강력한 전쟁이었던 트로이 전쟁을 몰고 온 파리스의 심판은 에리스를 초대 손님 명단에서 뺀 작은 사건으로부터 촉발된다. 제우스가 단순히 깜빡한 것인가, 아니면 숨은 뜻이 있는 것인가? 고대 신화에서는 우연히 일어나는 일이 거의 없기에, 신화 이야기꾼들은 제우스가 에리스를 뺀 데는 고의적인 의도가 있었다고 본다. 그들은 제우스가 트로이 전쟁을 일으키기 위한 계획이었다고 했다.

제우스가 이러한 계략을 짠 이유에 대해서는 다양한 해석이 존재한다. 누군가는 제우스가 딸 헬레네를 세상이 뒤바뀌는 전쟁을 일으킨 인물로 유명하게 만들고자 했다고 한다. 다른 누군가는 제우스가 신과 인간 사이에 태어난 영웅적인 후손, 아킬레우스 같은 인물이 전쟁을 통해 유명해지기 바랐다고 한다. 또 다른 해석에 따르면 신들은 가이아(지구)를 넘치는 인구로부터 해방시켜주고 싶었고 그 해결책으로 전쟁을 계획했다는 것이다. 모든 사건들 배후에는 올림포스 신들, 특히 제우스가 있다.

트로이 전쟁을 이해하는 6가지 키워드

펠리온산의 사건으로 불거진 껄끄러운 갈등으로 인해 보기 드문 상황이 펼쳐졌다. 보통 힘들이지 않고 인간들보다 우월한 위치에 있는 신들이 이번만큼은 인간의 도움을 요청해야 했던 것이다. '세 명의 여신 중 누가 가장 아름다운가?'라는 질문에 대한 답은 그 어떤 신도 함부로 이야기할 수 없었다. 제우스를 심판으로 내세우는 것은 이후 탈락한 두 여신들의 끝없는 비난을 생각하면 고려할 가치도 없었다. 이제 배경은 펠리온산에서 이다산으로 옮겨간다. 히기누스는 그의 이야기를 이어간다.

> 주피터는 머큐리(헤라클레스)에게 세 여신들을 이다산으로 데리고 가서 트로이의 왕자 파리스 알렉산더의 심판을 받으라고 지시한다. 주노는 자기를 선택하면 세계를 다스리고 세상에서 가장 부자가 되게 해주겠다고 약속한다. 미네르바는 자신이 뽑히면 인간들 중에 가장 강하게 만들어 주고 모든 기술을 알려주겠다고 한다. 반면에 비너스는 그에게 세상에서 가장 아름다운 헬레네와 결혼하게 해주겠다고 약속한다. 파리스는 비너스의 마지막 약속이 마음에 들었고 이에 비너스가 가장 아름답다는 심판을 내렸다. 이로 인해

주노와 미네르바는 트로이에 강한 분노와
적대감을 갖게 되었다. 파리스 알렉산더는
비너스의 권유로 헬레네를 스파르타의 왕
메넬라오스로부터 빼앗아 트로이로 데려가 그녀와
결혼했다.

이와 같은 간략한 설명으로는 거대한 트로이의 전쟁이 쉽사리 이해되지 않은 채 여러 물음이 떠오른다. 헤르메스의 역할은 무엇이었는가? 파리스 알렉산더는 누구인가? 왜 그가 심판자로 적격인가? 여신들은 어떻게 생겼는가? 여신들은 파리스에게 선택받고자 어떤 공약을 이야기했는가? 그리고 심판의 결과는 무엇이었는가?

헤르메스
헤르메스는 반대되는 것들을 중재하는 신이다. 그는 위와 아래를 연결하는데 예를 들어 죽은 자의 영혼을 저승세계로 인도한다. 그는 안과 밖도 연결하는데 이른바 '열쇠 구멍의 신'이다. 그는 교역과 물물교환을 감독하여 매수인과 매도인을 연결한다. 그는 여행자, 사자, 전령의 신으로 궁극적인 중개자다. 요컨대 그는 탁월하게 경계를 뛰어넘는 자다. 그가 뛰어넘을 최후의 경계는 불멸의 존재와 인간을 구분하는 선이며 헤르메스는 이 사건에서 본연의 역할에 충실했다. 여행자의 신으로서 세 여신들을 펠리온에서 이 다까지 안내한다. 위와 아래, 불멸의 존재와 인간을 중재하는 신으로서 그는 여신들이 인간의 심판을 받기 위해 신들의 세계에서 인간들의 세계로 시선을 낮추는 것을 돕는다.

파리스 알렉산더

파리스의 선조는 왕족으로, 그는 트로이의 왕 프리암과 헤카베 Hecabe의 아들이었다. 그러나 그가 태어나기 직전 헤카베는 횃불을 낳는 꿈을 꾸는데 해몽가에게 불길한 징조라는 이야기를 듣고 아기를 이다산에 버린다. 아기는 기적적으로 살아남아서 곰의 젖을 먹고 양치기 손에서 자란다. 파리스는 아름답고 강한 청년으로 자

로마 석관에 새겨진 아테나, 헤르메스, 아프로디테, 오이노네, 파리스, 에로스, 기원전 2세기.

랐고 '인간들의 수호자'라는 의미의 두 번째 이름인 알렉산드로스를 갖게 된다.

헤르메스와 파리스가 그려진 아테네식 물병, 기원전 440년경.

적합한 심판자

파리스는 목동으로 살면서 그 지방에 살던 님페들을 자주 만났다. 파리스가 결혼한 오이노네도 이 님페 중 하나였다.

파리스가 님페와 결혼함으로써 신과의 성적 경험이 있다는 것이 심판자로 뽑힌 한 가지 이유였다. 그러나 무엇보다 그가 심판자로 적합했던 이유는 그가 뛰어나게 잘생긴 인물이라는 사실이다. 로마 시대의 풍자 작가 루키아노스는 대담집 《여신들의 심판》에서 제우스의 입을 빌려 '너는 네 스스로 잘생겼을 뿐만 아니라 성에 대해서도 잘 알지 않느냐.'라고 표현한 바 있다.

파리스에게는 잘생긴 외모뿐만 아니라 욕망의 미학과 관련된 다른 특징이 있었는데 그것은 그의 옷차림이었다. 많은 이미지와 문헌에서 그가 항상 멋있게 차려입은 것으로 묘사되고 있다.

아테네식 물병 속 파리스는 화려하게 수 놓아진 의복 덕분에 다른 신들을 제치고 가장 많은 주목을 받고 있다. 그는 단순한 목동이 아니었다. 파리스의 화려한 옷과 보석은 그가 눈에 띄는 트로이의 왕족임을 확인시켜주었다. 이는 헬레네가 그에 대해 강한 매력을 느낀 요소 중 하나로 특히 자수가 화려한 바지와 금목걸이에 끌렸다고 한다.

여신들의 생김새

파리스의 심판은 철저하게 시각적인 요소에 좌우된다. 모든 것은 여신들이 어떻게 생겼느냐에 따라 판가름 난다. 그러나 여신들

스윙 페인터, 테라코타 암포라에 그린 파리스의 심판, 기원전 540-530년경.

펜테실레아 화가, 테라코타 보석상자에 그린 파리스의 심판, 기원전 465-460년경.

의 생김새는 서로 너무나 다르다. 그럼에도 스윙 페인터의 암포라에 그려진 세 여신들은 동일하게 모두 얌전하게 의복을 갖춰 입고 있다.

파리스는 오른쪽으로 몸을 돌리고 있는데 아마도 예상하지 못한 방문객들에게 위압 받았기 때문일 것이다. 비슷한 시기에 제작된 다른 암포라에서도 세 여신을 구분할 수 있는 요소라고는 아테

폼페이의 주피터 신전에 프레스코화로 그려진 파리스의 심판, 기원전 1세기.

나가 들고 있는 투구밖에 없다. 그러나 이 심판의 우승자인 아프로디테는 종종 특별하게 묘사된다. 아름답게 채색된 원통형 테라코타 보석상자를 보면 아프로디테가 날개를 단 에로스가 올려다보고 있어 손쉽게 식별 가능하다.

아프로디테는 폼페이에 있는 주피터 신전에 그려진 프레스코 벽화에서 거의 전라로 묘사되어 있어 더욱 눈에 띈다. 스페인 카스

파리스의 심판이 묘사된 로마식 모자이크 일부, 스페인 카스툴로, 기원전 2-1세기.

툴로의 모자이크에서도 마찬가지다. 파리스는 정교한 옷차림으로도 눈에 띄지만 양 떼와 양치기 개가 함께 그려진 것처럼 여전히 양치기로서의 신분을 유지하고 있다.

시인에게도 화가만큼이나 이 장면은 다양한 시각적 상상력을 제공했으나 주로 초점은 아프로디테에게 맞추어졌다. 가끔 그녀의 의상은 지극히 우아하게 묘사되었는데 고대 서사시인 키프리아Cypria 중 다음과 같이 아름다운 구절에서도 잘 드러난다.

> 그녀는 미의 세 여신들과 계절의 여신들이 만든 옷을 입고
> 계절의 여신들이 입는 봄꽃으로 물들여졌다.
> 크로커스, 히아신스와 만개한 바이올렛, 아름답게 핀 장미,
> 달콤하고 맛있는, 천국의 꽃봉오리, 향긋한 수선화.
> 아프로디테는 사계절 내내 향기로운 의상을 걸치고 있었다.

가끔씩 어조가 위험할 때도 있었다. 루키아노스는 파리스의 심도 있는 조사를 위해서 세 여신들이 반드시 옷을 벗어야 한다고 했다. 아풀레이우스가 쓴 시극에서, 비너스(아프로디테)를 연기한 연기자는 적나라한 대사로 인해 상상의 여지를 거의 남겨 놓지 않는다. 관음증이 있는 관람객을 위한 이 연극의 화자는 성에 집착하

는 멍청이로 보인다.

> 그녀는 매혹적인 아랫부분을 가린 얇은 실크 조각을
> 제외하면
> 실오라기 하나 걸치지 않은 채로 나타나 흠결 없는
> 아름다움을 자랑했다.
> 호기심 많은 바람 한 줄기가 음란한 애정을 가지고
> 순간적으로 실크 조각을
> 살짝 들어올려 처녀의 꽃이 드러나게 했다.
> 한편 다른 때는 장난스럽게 직접 그 위로 불어서,
> 그녀가 다리 사이로 느낄 즐거운 경험에 대한 기대를
> 뚜렷이 보여주었다.

여신들의 공약

각각의 여신들은 각각의 방식으로 완벽했기 때문에 하나를 선택한다는 것이 사실상 불가능했다. 파리스가 결정을 내릴 수 있었던 것은, 여신들 중에 선택을 한 것이 아니라 여신들의 공약 중에 선택을 했기 때문이었다.

헤라는 결혼과 가정을 주관하는 신으로 제우스의 배우자로서 힘과 권위를 주관하기도 했다. 아테나는 장인 정신의 수호자이기도 하면서 천하무적의 전쟁 여신으로 조직화된 군사력의 화신이었다. 아프로디테의 영역은 더 제한적이기는 했으나 혼인 생활의

안과 밖, 동성과 이성을 불문한 성적 욕망의 영역에 있어서 단연코 최고였다.

공약의 조건은 다양한 문헌에서 다양하게 묘사되고 있으나 공통분모는 명확하다. 헤라는 파리스에게 왕권과 정치적 지배력을, 아테나는 전쟁에서의 승리를, 아프로디테는 세상에서 가장 아름다운 여인인 헬레네와의 결혼을 약속했다. 결과에 대해서는 모든 문헌들이 통일되어 있다. 아프로디테가 사과를 가졌고 파리스는 헬레네를 얻었다.

심판의 결과

헤르메스의 상황이 가장 단순했다. 그는 심판 이후에도 대립하는 존재들 사이를 중재하면서 본연의 역할을 유지했다. 세 명의 여신의 경우 이보다 복잡하다. 파리스의 심판은 여신들의 태도와 행동에 영향을 미쳤다. 심판에서 진 두 여신들이 파리스에 대해 느끼는 분노는 그의 고향 트로이까지 확대되었다. 10년 동안 계속된 트로이에 대한 공격에서 헤라와 아테나는 그리스인들의 편에 섰고 아프로디테는 당연히 트로이인, 특히 파리스를 지원했다.

한편 파리스는 심판 이후의 행로가 복잡하고 역경투성이였다. 그는 인간에 불과했고 앞으로 발생할 사건에 대한 예지 능력과 면역력이 결여되어 있었다. 파리스가 여전히 목동으로 생활하고 있을 때 트로이에서는 프리암의 죽은 아들, 즉 파리스를 위한 장례식이 거행되고 있었다. 장례식에 쓰일 우수한 소를 고르는 대회에서 파리스가 우승하고 곧 그가 프리암의 아들이라는 사실이 밝혀진다. 그는 왕실의 일원으로 환영 받으며 귀향한다.

파리스가 도시에서 산으로 그리고 다시 도시로 돌아온 여정은 인류학과 민속학, 신화학에서 이야기되는 '입문 의식'에 부합한다. 특정한 사회에 속한 소년이 집을 떠나 야생으로 들어가 중간의 시험 기간을 거쳐서 완전한 성인이 되어 집으로 돌아오는 과정이다. 다만 파리스의 경우에는 약간 다른 지점이 있었다. 그는 목동이었을 때조차 고귀하고 아름다운 세계와 계속 연결되어 있었다. 그가 도시로 돌아와 왕족의 신분을 회복했을 때도 그는 정복욕에 불타는 군사적인 지도자와는 거리가 멀었다. 파리스는 언제나 주변인으로, 전쟁이 중심이 되는 세계 속에 통합되지 못했다.

파리스는 카산드라를 포함하여 트로이의 예언자들이 스파르타로 떠나는 것이 끔찍한 결과를 가져올 것이라는 충고를 무시한 채, 메넬라오스와 그의 아내 헬레네의 고향인 스파르타를 향해 떠난다. 손님으로서 환대에 따르는 신성한 유대를 깨버리고 파리스는 헬레나와 동침했을 뿐만 아니라 그녀를 데리고 트로이로 돌아온다.

호메로스는 《일리아스》에서 파리스의 잘생긴 외모와 성적 매력을 계속 강조한다. 메넬라오스와의 결투에서 파리스는 아프로디테의 도움으로 목숨을 건지게 되는데, 아프로디테는 안개로 파리스를 숨겨서 달콤한 향기가 나는 침실로 옮겨준다. 그러고 나서 여신은 스스로 늙은 하인으로 변장한 후 헬레네에게 현혹하는 메시지를 전한다.

이쪽으로 오세요.

알렉산드로스가 그대를 집으로 다시 돌아오라고

부르고 있어요.

그는 조각된 침대 위, 그의 아름다움과 의상으로 빛이

나고 있어요.

그가 전투에서 돌아왔다고 할 사람은 아무도 없을

거예요.

그는 마치 무도회에 가는 사람,

또는 무도회에서 막 돌아와서 쉬고 있는 사람처럼

보인답니다.

헬레네가 침실에 들어가자 둘은 함께 서로를 탐닉한다. 《일리아스》에는 전투가 한창일 때의 파리스를 묘사하는 구절도 많이 나오지만, 이런 묘사가 파리스를 특별한 존재로 만들어준다는 것에는 이견이 없을 것이다.

인생의 가치 중 무엇을 선택할 것인가

파리스의 심판이라는 신화가 시간을 거치면서 본래 지니고 있던 의미 중에 간과되거나 무시된 것들이 있는 반면 새롭게 각광받은 의미도 있다. 이러한 변화 중 두 가지는 눈여겨볼 가치가 있다. 하나는 선택과 목표에 대한 것으로, 인간은 무엇을 위해 노력해야 하는지 의문을 던진다. 다른 하나는 한 남성이 벌거벗은 여성들을 바라보고 평가하는 미인대회로, 미인대회가 함축하는 의미가 무엇인지 살펴볼 필요가 있다.

고대 이후로 파리스의 심판에서 중요한 인물은 북아프리카 태생으로 추측되는 작가 파비우스 플란시아데스 풀젠티우스Fabius Planciades Fulgentius다. 그는 5세기 후반 《신화론》이라는 제목으로 우화들을 엮어서 서술했다. 그가 세 여신들을 구분한 방법은 새로운 전통의 시초가 되었다. 풀젠티우스에 따르면 아테나는 지식의 추구를 위해 고귀하게 헌신하는 사색적이거나 명상하는 삶을 의미한다. 헤라가 상징하는 활동적인 삶은 얼핏 보기에는 훌륭한 삶으로 보이나 그가 보기에 이러한 삶은 소유에 대한 탐욕스러운 추구와 소유물에 집착하는 평판이 안 좋은 욕망을 수반한다. 아프로디테의 경우 욕망으로 가득 찬 쾌락적 삶은 풀젠티우스의 우선순위에서 최하위에 차지한다.

파리스의 심판을 서술하는 맥락도 시대에 따라 변화를 거듭했다. 많은 작가들과 예술가들이 파리스가 여신들을 본 것은 꿈이었다고 말한다. 이는 5세기경 다레스 프리기오스Dares Phrygius가 저술한 《트로이 멸망의 역사》에도 나와 있다. 이러한 해석은 꽤 인기가 있었고 오랜 시간 반복되었다. 14세기 영국의 시인 존 가워John Gower의 시 〈연인의 고백〉에서 파리스는 언젠가 사냥하다가 길을 잃었던 때를 이렇게 회상한다.

풀밭 위에 우물가 곁에 누워

잠을 청하는데, 환영으로

머큐리 신이 나에게 왔고

그가 함께 데리고 온 여신들은

미네르바, 비너스, 주노였다.

머큐리 신은 손에 글씨가 새겨진

황금 사과를 들고 있었다.

그리고 그가 나에게 알려주길,

여신들 중에 가장 아름다운 이에게

황금 사과를 주는 임무가

나에게 맡겨졌다고 했다.

    이와 유사한 장면은 크리스틴 드피잔 작품의 채색 사본에도 묘사되어 있다. 그림 속에서 사냥꾼 파리스는 목을 축이러 멈췄다가 잠시 잠이 든 것으로 보인다.

    이 장면 속 모든 인물들은 정중하고 예의 바르나 이것이 세 여신들에 대한 남성의 환상을 반영하는 것은 아니었다. 루카스 크라나흐Lucas Cranach는 파리스의 시각을 훨씬 더 자극적으로 묘사했다.

    궁정 화가였던 크라나흐는 파리스의 심판을 반복하여 그렸는데 1528년에 그린 작품은 파리스의 심판을 특별히 도발적으로 묘사했다. 헤라클레스는 자비로운 노인의 분위기를 풍기면서 최신 버전의 사과인 수정구를 살포시 쥐고 있다. 파리스는 멍하니 황홀

크리스틴 드피잔, 〈파리스의 심판〉, 1410-14년경,

루카스 크라나흐, 〈파리스의 심판〉, 1528년경.

앙투안 와토, 〈파리스의 심판〉, 1718-21년경.

한 표정으로 위를 올려다 보고 있는데 양치기가 기사로 대체된 것이 특징이다. 이와 대조적으로 세 여성들은 거의 벌거벗고 있는데 아무도 신경 쓰지 않는 것으로 보인다. 누가 누구인지는 분명하지 않지만, 가운데 있는 여성은 남성들에게 유혹하는 눈빛을 던지면서 자신의 뒤태를 보여주려는 어색한 포즈를 취하려다 보니 목에 심각한 근육 경련이 난 것처럼 보인다. 관음적인 관람객과 노골적

한스 이워스, 〈엘리자베스 1세와 세 여신〉, 1569년.

인 여성의 이미지 사이의 관계를 여실히 보여준다.

　루벤스 역시 크라나흐처럼 완전한 관능미를 추구했는데 이에 대해 지나치다는 평이 있을 정도였다. 추기경이자 왕자인 페르디난드가 1639년에 스페인의 필립 4세에게 쓴 편지를 보면 루벤스의 그림에서 여신들이 '너무 벌거벗고 있다'는 평을 적고 있다. 그러나 파리스에게 수줍은 시선을 보내는 작품도 있었다. 프랑스 화가 앙투안 와토Antoine Watteau가 그린 그림에서 파리스는 소년처럼 수줍어하고 있다. 심판자로서의 지위가 빛을 잃을 지경인데 거의 벌거벗은 그가 더 부끄러워하고 있기 때문이다.

　네덜란드 화가로 영국 튜더왕조 시대에 활동한 한스 이워스 Hans Eworth는 더욱 혁신적인 노선을 택했다. 그의 그림 〈엘리자베스 1세와 세 여신〉은 고대 신화를 영국 여왕의 자신만만한 권위를 기념하는 장면으로 재창조했다.

　이워스에게 파리스는 바로 엘리자베스 1세로, 수정구를 손에 쥐고 성난 헤라, 괴로워하는 아테나, 기운 빠지고 재미없는 아프로디테, 이 세 명의 반란자들을 훌륭하게 물리치고 있다. 엘리자베스 여왕의 소유였던 이 작품에는 동시대 라틴어로 쓰인 시가 새겨져 있었는데 다음과 같이 번역될 수 있다.

> 헤라는 강력한 왕권을, 아테나는 명석한 두뇌를,
> 아프로디테는 아름다움으로 빛나는 장미빛 볼을
> 가지고 있었다.

엘리자베스가 나타나자 압도된 헤라는 도망가버렸고,
아테나는 입을 다물었으며, 아프로디테는 얼굴을
붉혔다.

　고대부터 지금까지 신화는 도덕뿐만 아니라 정치에 대해서도 효과적으로 메시지를 전달해왔지만 파리스의 심판은 정치보다는 성적 윤리가 훨씬 더 눈에 띈다. 르네상스 인문주의자인 마르실리오 피치노Marsilio Ficino는 이 신화가 가진 삶의 세 가지 특징에 대하여 고찰했다. 헤라가 상징하는 활동적인 삶, 아테나가 상징하는 사색적인 삶, 아프로디테가 상징하는 쾌락을 탐닉하는 삶이 그것이다. 피치노는 아프로디테가 추구하는 쾌락에는 육체적인 쾌락뿐만 아니라 음악과 시 역시 포함한다고 보았다.
　이는 인생의 선택에 대한 논쟁을 새로운 차원으로 끌어올린다. 파리스가 잘못된 선택을 한 것은 기정 사실이었지만, 아프로디테가 아닌 다른 두 여신들 중 하나를 선택했다 하여도 이 선택이 잘못되었다는 사실에는 변함이 없다. 피치노에 따르면 유일한 해결책은 세 여신들의 영역, 즉 힘과 지혜, 쾌락의 조합이었다.

셋 중 하나를 고른다는 것

파리스의 심판이 흥미로운 요소 중 또 하나는 바로 3이라는 숫자다. 셋으로 이루어진 그룹은 그리스·로마 신화에서 반복되는 요소이며, 시대와 지역을 뛰어넘어 종교에서 역시 3이라는 상징은 반복해서 등장한다. 기독교의 삼위일체와 세 가지 기독교 덕목인 믿음, 소망, 사랑, 힌두교의 삼신 일체(브라마, 비시누, 시바), 좋은 생각의 세 갈래 길, 조로아스터교의 좋은 말과 좋은 행동, 북유럽 신화의 운명의 세 여신들, 주술 숭배의 3의 법칙 등 무수히 많다. 민담에서도 마찬가지로 얼마든지 3의 예를 찾을 수 있는데 〈아기 돼지 세 마리〉〈세 가지 소원〉〈염소 삼 형제〉 등 셀 수 없을 정도이고, 피타고라스에서 헤겔에 이르는 철학자들도 3을 매우 중요한 숫자로 보았다.

이런 3의 법칙 속에서는 '세 가지 옵션 가운데 하나의 선택'이라는 부분집합이 존재한다. 파리스의 심판은 명백하게 이 집합 안에 존재하며 이에 더하여 셰익스피어의 유명한 연극《베니스의 상인》과 《리어왕》도 이 부분집합에 해당한다.

《베니스의 상인》의 여주인공 포셔는 뛰어난 매력으로 많은 남자들의 구애를 받는다. 그러나 그녀에게는 배우자를 선택할 권리가 없었는데, 포셔의 아버지가 그녀가 금, 은, 납 세 개의 상자 중 올바른 선택을 한 남자와 결혼해야 한다는 유언을 남겼기 때문이다. 상자들에는 각각 다른 문구가 새겨져 있었다. 금상자에는 '나를 고른 자는 많은 이들이 욕망하는 것을 가지게 될 것이다'라고, 은상자에는 '나를 고른 자는 받을 자격이 있는 모든 것을 받게 될 것이다'라고, 마지막으로 납상자에는 '나를 고른 자는 그가 가진 모든 것을 내주고 위험을 감수하여야 한다'라고 새겨져 있었다.

포서에게 결국 세 명의 남편 후보가 남게 되는데, 이 중 첫 번째 모로코 왕자는 금상자를 고르는 실수를 한다. 상자 안 두루마리에는 '반짝인다고 다 금이 아니다'라고 쓰여 있다. 두 번째 구혼자인 아라곤 왕자는 은상자를 선택했는데 이번에도 상자 안에는 바보의 초상화가 들어 있었다. 세 명의 구혼자 중 마지막은 바사니오로, 진심으로 포서를 사랑하고 포서 역시 진심으로 사랑하는 베니스의 신사다. 바사니오는 수수한 납으로 만든 상자를 택한다. 그는 상자를 열고 기쁜 마음으로 안에 있는 포서의 초상화를 발견한다.

셋 중 하나라는 선택에 관한 주제는 엄청난 드라마를 낳기도 한다. 연극《리어왕》의 막이 오르자 나이 든 왕이 등장하여 그의 세 딸에게 왕권을 넘기겠다는 선언을 한다. 그는 세 딸에게 각각 같은 질문을 한 후 돌아오는 대답을 평가하여 재산을 분배하기로 한다. 질문은 다음과 같다. '너희들 중 누가 나를 가장 사랑하느냐?' 첫째 딸과 둘째 딸은 온갖 미사여구를 동원하여 아버지로부터 똑같이 상당한 보상을 받게 된다. 막내인 코델리아은 그와 같은 거짓 칭찬을 혐오한다. 말을 아끼는 코델리아는 아버지를 '딸이 아버지를 사랑해야 하는 만큼'이라고 대답한다. 어리석게도 자식들의 성품과 장점을 이해하지 못한 리어왕은 코델리아를 맨몸뚱이로 쫓아낸다.

이 연극들과 파리스의 심판 신화 사이에 공통점과 차이점은 무엇인가?《리어왕》에서 심판자는 파리스와 같은 중립적인 제3자가 아니다. 반대로 독특한 이해관계에 놓인 사람이다. '누가 나를 가장 사랑하느냐?'라는 지극히 자기중심적인 질문은 심판자가 세 후보와 객관적일 수 없는 관계라는 것을 나타낸다. 파리스와의 공통점 중 흥미로운 점은 파리스가 세 여신의 공약에 따라 결정을 내린 것과 같이 리어왕 역시 딸들의 미사여구로 가득 찬 설득력에 근거하여 결정을 내렸다는 점이다.

《베니스의 상인》의 경우는 이와 달리 한 명의 심판자만 나오는 것이 아니라 세 명이 차례대로 나온다. 이 중 중립적인 제3자는 한 명도 없으며 각자의 개인적인 행복은 심판에 달려 있다. 파리스의 심판 신화와 《리어왕》과 《베니스의 상인》의 차이점이 있다면, 파리스의 심판에서는 천박한 외적인 허식과 내적 도덕적 가치 사이에서 고민하고 갈등하지 않는다. 파리스의 심판에서는 보이는 것이 전부다. 파리스는 제안받은 각각의 매력 중에 그가 원하는 것이 무엇인지만 결정하면 된다.

이 세 가지 이야기의 가장 중요한 공통점은 사랑의 중요성에 대해 '어떻게 순위를 매기는가' 하는 근본적인 질문을 던진다는 것이다. 파리스의 심판에서 문제가 되는 사랑은 성적인 열정으로, 이는 아프로디테가 다스리는 영역이고 헬레네가 이를 상징한다. 파리스는 분명히 그러한 종류의 사랑에 최우선 순위를 부여하고 있다. 《베니스의 상인》에서의 사랑은 성적인 열정 이상이다. 바사니오의 선택은 다른 두 신랑 후보와 달리 사랑 하나만 믿기 때문이다. 《리어왕》에서는 왕의 질문이 암시하는 사랑의 종류는 부모와 자식, 남편과 아내 등 가족의 유대다. 현명한 코델리아는 미래의 남편이 아버지에 대한 사랑의 절반을 가져갈 것이라고 말하여 이 기적인 리어왕을 화나게 한다.

파리스의 심판을 통해 사랑에 대해 고찰했다면 그 다음은 결혼일 것이다. 파리스의 심판에서 최초의 불화가 발생한 장면은 결혼식이었고, 파리스와 헬레네의 결합은 헬레네와 메넬라오스의 결혼을 파탄나게 만듦으로써 더 큰 불화의 씨를 뿌린다.《베니스의 상인》에서는 누가 포셔와 결혼할 것인가가 이 드라마의 중심축이다.《리어왕》에서 현명한 코델리아는 지참금을 한 푼도 받지 못했으나 프랑스 국왕이 그녀의 지혜와 인격을 알아보고 신부로 맞이한다.

세 가지 이야기에 공통되는 점은 인간 열망의 목표를 탐구했다는 것이다. 인간의 삶에서 진정 가치 있는 목표는 무엇인가? 우리가 가장 가치를 두어야 하는 삶의 의미는 무엇인가? 각각의 예가 이를 통해 해답을 찾아야 하는 사고 실험일 것이다.

도널드 트럼프와 미인대회

파리스의 심판에 대한 현대적인 재창조는 작가들보다는 예술가들의 영역인 것으로 보인다. 특히 현대 미술에 가까워질수록 예술가들이 패러디나 풍자에 활용하는 경향이 더 두드러진다. 이는 남성

2005년 미인대회에 참석한 3명의 여성과 함께한 도널드 트럼프.

메리 엘렌 크로토, 〈파리스의 심판〉, 1997년.

의 시각에 권력을 부여하고 여성에게는 남성의 평가를 수용하는 역할을 부여하는 각본이 시간이 지날수록 점점 약해지는 시대상을 반영했다고 볼 수 있다.

시카고 태생의 예술가 메리 엘렌 크로토Mary Ellen Croteau의 작품에서 페미니즘에 기반한 전세 역전 현상을 발견할 수 있다. 작품 속 유일한 나체는 세 명의 여신이 아닌 부끄러워하고 있는 파리스다. 그를 평가하는 세 여신의 시큰둥한 시선과 작은 실수도 허용하지 않겠다는 태도와 함께 다양한 여성들의 인종과 지적인 분위기, 우아한 의상이 인상적이다.

이보다 원초적으로 파리스가 수탉으로 그려진 페데리코 히메

페데리코 히메네스 페르난데스, 〈파리스의 심판〉, 1882년경.

엘리너 앤틴, '헬레네 오디세이아' 연작 중 〈파리스의 심판〉, 2007년.

네스 페르난데스Federico Jiménez Fernández의 회화 속 상징은 결코 우연이 아니다.

그러나 유머에 상을 준다면 미국의 예술가인 엘리너 앤틴Eleanor Antin에 돌아가야 할 것이다.

전쟁의 여신 아테나는 소총을 들고 있고 헤라는 앞치마를 두른 가정주부로 숲으로 진공청소기를 들고 왔으며(땅에 흩어져 있는 낙엽들을 보라) 우아한 이브닝드레스를 입고 작고 귀여운 에로스를 대동한 아프로디테는 백만장자로 보인다. 반면 헤라클레스와 파리스는 변변치 못하고 우스꽝스러운 해변의 청년 한 쌍으로 보인다. 이들과 별개로 반쯤 무심한 듯 시선이 다른 곳을 향해 있는 헬레네는 이들과 멀찍이 왼편에 생각에 잠긴 모습으로 홀로 앉아 있다. 그녀의 운명이 겉모습부터 예사롭지 않은 여섯 명에게 달려 있다는 사실을 고려하면 그녀가 걱정에 사로잡혀 있는 것은 당연한 일이다.

7
힘으로 해결할 수 있는 모든 것
헤라클레스의 과업
The Labours of Heracles

헤라클레스는 탁월한 영웅이다. 오디세우스, 이아손, 페르세우스, 아이네이아스는 물론 심지어 아킬레우스도 헤라클레스 옆에 서면 빛을 잃는다. 헤라클레스가 종종 그의 조카이자 심복인 이올라우스Iolaus나 믿음직한 동료 테세우스 또는 아테나의 도움을 받은 것은 사실이나 대부분은 자신의 능력, 무엇보다도 슈퍼 영웅다운 육체를 통해 모든 일을 해결했다. 헤라클레스의 약점은 그의 강점만큼이나 대단하기에 그의 신화적 페르소나는 슈퍼 영웅이라는 단순한 설명보다 훨씬 복잡하다. 과업을 수행하며 말도 안 되는 미친 짓을 하기도 하고, 아내(메가라Megara)와 아이들을 죽였으며, 유약한

겁쟁이(에우리스테우스Eurystheus)에게 순순히 복종하여 시키는 대로 따르기도 하고, 한 여성(옴팔레Omphale)의 노예가 되기도 하는 한편, 다른 이(두 번째 부인인 데이아네이라Deianira)의 손에 고통스럽게 죽지만 이로써 올림포스 신들의 반열에 오를 영원한 삶을 얻게 된다.

어느 문화의 어느 영웅에 대해서든 누구나 가볍게 '그 사람은 비범해'라고 말할 수 있을 것이다. 그러나 헤라클레스는 삶과 죽음 사이의 궁극적인 경계를 가로질렀기에 비범한 것 이상으로 삶의 한계를 뛰어넘었다고 할 수 있다. 헤라클레스는 단 한 번의 전투로 게라스Geras(노화의 신)와 타나토스Thanatos(죽음의 신) 모두를 무찔렀을 뿐만 아니라 올림포스 신들과 타이탄 사이의 장대한 전투에서 올림포스 신들 편에 서서 싸웠다. 그 결과 그는 불멸의 존재들 사이에서 위대한 업적을 세우고 걱정과 노화가 없는 영원한 삶을 살았다.

고대에는 헤라클레스를 묘사한 글과 그림이 어디에나 있었다. 헤라클레스는 수없이 많은 신화 이야기에 등장했을 뿐만 아니라 좋은 삶에 대한 철학적인 논의에서도 모범적인 예로 자주 등장했다. 고대 그리스에서 로마 제국에 이르기까지 정치는 그의 존재감이 두드러진 또 다른 분야였다. 이에 더하여 그리스 · 로마 세계 전반에 걸쳐 헤라클레스를 신이 된 영웅으로 추종했던 풍부한 인류학적, 문학적 증거도 존재한다.

올림픽과 익스트림 스포츠

이 신화에서 과업labour이라는 단어는 사전적 의미보다 더 포괄적이고 독립적인 어떤 업적을 의미하는데 그리스어로는 athlon가 된다. 더 정확하게 번역하자면 '시합' 또는 '대회' 정도가 될 것이다. athlon이라는 단어가 현대 영어의 '3종 경기' '5종 경기' '6종 경기' '10종 경기'의 어원적 뿌리라는 사실은 고대에도 그의 과업이 스포츠와 연관이 있음을 말해준다. 시인 핀다로스에 따르면 고대 올림픽 게임을 창시한 것이 바로 헤라클레스였고 12가지 과업은 어떤 면에서는 익스트림 스포츠로 볼 수 있었다. 물론 그 과업은 절대 운동경기 같은 착한 수준은 아니었다. 헤라클레스의 상대들은 길들여지지 않은 야수거나 괴물이었기 때문인데, 어찌 되었든 과업을 성공적으로 완료하기 위해서는 올림픽 게임에서 필요로 하는 엄청난 힘, 어마어마한 인내력, 뛰어난 기지와 같은 종합적인 기술이 요구되었다.

헤라클레스의 과업에서 가장 의견이 갈렸던 부분은 과업의 개수다. 당연히 가장 흔한 답은 12개였다. 올림피아에 있는 제우스 신전에 새겨진 숫자이기도 했고 시인 테오크리토스Theocritus와 아폴로니우스도 동일한 숫자를 제시했다. 몇몇 신화 이야기꾼들은 10개라고 하기도 했고 과장해서 1,000개 또는 10,000개를 언급하는 이도 있었다.

과업의 동기에 대한 전반적인 개요는 이미 《일리아스》에서 헤라클레스의 탄생을 다루며 소개된 바 있다. 제우스와 인간인 알크메네Alcmene 사이의 불륜에 분개한 헤라는 계략을 써서 복수하리라 마음먹었다. 알크메네가 출산할 때가 되자 제우스는 아이가 자신의 혈육으로서 주변 사람들을 지배할 것이라고 자랑했다. 헤라는 제우스를 들들 볶아서 이 말을 구속력 있는 예언으로 만든 다음, 출산의 여신 에일레이티아Eileithyia를 설득해서 알크메네의 분만을 지연시키고 다른 임신부인 니키페Nicippe가 먼저 출산하도록 했다. 니키페가 낳은 아이는 에우리스테우스로 제우스의 증손자였다.

증손자인 에우리스테우스도 제우스의 혈육이므로 예언에 따라 헤라클레스보다 먼저 태어난 에우리스테우스가 주변인들을 지배하는 능력을 갖게 되었고, 제우스는 어쩔 수 없이 헤라클레스가 에우리스테우스의 명령에 복종하는 것을 지켜보는 수밖에 없었다. 신화 이야기꾼들은 헤라클레스가 괴물들을 처치하여 인간을 도운 것에 대한 보상으로 신의 반열에 오르기 위한 필수조건을 획득했다고 결론내렸다. 한편에서는 그의 과업이 헤라클레스가 아내 메가라와 자식들을 살해한 것에 대한 속죄 행위라고도 했다.

이보다 더 특이한 버전도 있다. 헤라클레스가 아버지의 죗값을 대신 갚느라 과업을 수행했다는 설이다. 에우리피데스의 훌륭한 비극《헤라클레스의 광기》에 잘 나와 있는데, 연극의 막이 오르고 메가라와 그녀의 세 아들들 그리고 헤라클레스의 아버지 암피트리온Amphitryon이 테베의 제우스 제단에 모여 앉아 탄원하고 있다. 그들은 도시의 폭군 리코스Lykos(늑대 인간) 때문에 생명에 위협을 느끼며 공포에 떨고 있다.

헤라클레스는 자식 된 도리로서 과업을 수행하느라 부재중이다. 삼촌인 엘렉트리온Electryon을 실수로 죽게 한 암피트리온은 고향 아르고스를 도망쳐 나와야 했는데, 에우리스테우스는 헤라클레스가 과업을 성공적으로 완수해야 암피트리온이 다시 고향으로 돌아오는 것을 허락할 터였다. 연극이 진행되면서 헤라클레스는 마지막 과업을 완수한 후에 의기양양하게 돌아와 가족들을 구해준다. 그러나 운명의 장난으로 헤라클레스는 복수심에 찬 헤라가 교사한 분노와 광기의 여신 리사Lyssa로 인해 정신이 나가 미치게 된다. 눈앞에 아이들이 자기 자식이 아닌 에우리스테우스의 자식이라는 환각에 사로잡힌 헤라클레스는 자식들과 아내를 함께 살해하고 아버지까지 죽이려든다. 헤라클레스의 과업을 극도로 암울하고 비통한 사건의 전조로 해석함으로써 에우리피데스는 영광스러운 보상을 받을 가치가 있는 업적과는 정반대의 메시지를 암시한다.

헤라클레스에게 불가능해 보이는 연속된 과제를 부여한 사람은 아이러니하게도 유약한 에우리스테우스다. 많은 다른 신화들에서도 유사한 패턴이 반복되는데, 영웅이 죽기를 바라며 그가 살아 돌아올 수 없는 과제를 던진다. 유약한 에우리스테우스의 지시대로 움직이는 장사 헤라클레스의 이야기는 여타 신화들과 달리 이 신화만의 핵심인 역설의 구현을 보여준다.

12가지 과업이라는 퀘스트

문헌들이 헤라클레스 과업의 개수를 12개를 표준으로 삼는 것은 공통적이지만 순서에 있어서는 의견의 일치를 보지 못하고 있다. 여기에서는 신화 기록가인 아폴로도로스가 기록한 순서를 따른다.

1. 네메아의 사자

영웅과 사자와의 대결은 그의 고향 근처에서 이루어졌다. 네메아라는 작은 마을은 아르고리드 안에 위치하고 있었다. 일반적인 사자처럼 막강한 힘과 엄청난 턱에 더하여 이 야수는 불사의 존재였다. 보통의 화살로는 사자의 가죽을 뚫을 수 없었기에 헤라클레스는 맨손으로 사자의 목을 졸라야 했다.

헤라클레스가 과업을 완수한 증거로 사자 가죽을 가지고 미케네로 돌아오자 에우리스테우스는 너무 두려운 나머지 커다란 항아리 안으로 몸을 숨겼다. 헤라클레스는 나머지 여정에서도 첫 번째 승리의 증거인 사자 가죽을 짊어지고 다녔다. 많은 예술 작품에서 볼 수 있듯이 헤라클레스는 사자 가죽의 발바닥 부분을 목에 묶어서 갑옷처럼 입고 있다. 그의 상징인 몽둥이와 함께 사자 가죽은 영웅을 즉시 알아볼 수 있게 해주는 정체성의 표식이었다.

2. 레르나의 히드라

네메아의 사자를 괴물로 지칭한 이유는 생명의 유한함이라는

클레오프라데스의 화가, 네메아의 사자를 그린 아테네식 항아리, 기원전 490-480년경.

자연의 법칙을 거슬러 불사의 존재라는 데 있다. 두 번째 과업의 목표물은 히드라라는 머리가 여러 개 달린 물뱀으로, 사자와 마찬가지로 헤라클레스의 고향 근처 아르고스 남쪽 레르나라는 늪에 사는 괴물이다. 아폴로도로스에 따르면 히드라는 자기가 사는 늪에 가만히 있지 않고 지상으로 올라와 주변 가축들을 급습하여 큰 피해를 입혔다.

헤라클레스는 몽둥이로 히드라의 머리를 내리쳤으나 머리 하나를 박살 내면 머리 두 개가 자라나서 이 방법으로는 이 괴물을

독수리 화가, 히드라를 그린 케레탄 물동이, 기원전 520-510년.

무찌를 수가 없었다. 그러던 중 거대한 게 한 마리가 히드라를 도우러 나타나더니 헤라클레스의 발을 물었고 게를 죽인 헤라클레스는 이올라우스를 불러 도움을 청했다. 이올라우스는 근처에 있는 숲에서 나뭇가지에 불을 붙여 히드라의 머리가 잘려나간 자리를 지져서 새 머리가 자라나지 못하게 했다. 헤라클레스는 같은 방법으로 히드라의 잘라낸 머리를 땅에 묻고 무거운 바위를 위에 얹어 놓았다. 히드라의 몸통은 둘로 가른 다음 가지고 있는 화살들을 히드라의 담즙에 담갔다.

히드라 머리에 대한 흥미로운 이야기는 아폴로도로스 버전에 등장하는 내용이 유일하다. 히드라의 머리 개수에 대해서도 다양한 버전이 존재한다. 디오도로스는 100개라고 했지만 시각 예술가들은 이보다 적은 개수, 즉 자신들이 그릴 수 있는 만큼의 개수를 선호했다.

헤라클레스가 에우리스테우스에게 두 번째 과업을 완수한 것을 어떻게 증명했는지 알려진 바는 없다. 전통적으로 널리 알려진 이야기는 헤라클레스가 독화살을 만들기 위해 히드라의 독이 있는 담즙을 모아 가져왔다는 것이다. 이에 따라 네메아의 사자 가죽은 방어용 갑옷이 되었고 히드라의 독은 치명적인 공격용 무기가 되었다.

3. 케리네이아의 암사슴

암사슴 한 마리를 잡는 일은 처음 두 개의 과업과 비교하면 표면적으로는 애들 장난처럼 보였다. 암사슴 서식지는 아르고스 서북쪽으로 사냥 때문에 헤라클레스가 먼 거리를 이동했다는 점은 사실이지만 어쨌거나 사슴은 포악한 맹수가 아니었다. 그러나 괴물은 아닐지라도 특별한 존재라는 점은 분명했다. 황금 뿔이 달린 이 암사슴은 아르테미스에게 신성한 존재였다.

사슴을 붙잡기 위해 헤라클레스에게 요구되는 덕목은 체력이었다. 다른 신화 저술가들에 따르면 헤라클레스는 무려 1년 내내 추격을 계속해야 했으며 다뉴브강 근처까지 이동했다는 설도 있다. 아폴로도로스는 헤라클레스가 아르카디아까지 이동했는데 이곳에 다다랐을 때 아르테미스라는 큰 장애물을 만났다고 적고 있다. 헤라클레스와 같은 위상을 지닌 영웅에게도 여신의 분노는 피해야 할 위험이었다.

헤라클레스는 뛰어난 협상력을 발휘했다. 사슴을 포획한 죄가 자신의 책임이 아니라 그에게 명령을 내린 사람의 책임이라고 주장한 것이다. 이에 설득당한 아르테미스는 헤라클레스에게 사슴 사냥을 허락했고 헤라클레스는 세 번째 과업의 증거로 암사슴을 어깨에 짊어지고 에우리스테우스에게 돌아갔다.

4. 에리만토스의 멧돼지

펠로폰네소스반도 에리만토스산에 사는 멧돼지는 다른 괴물들과 달리 생물학적으로는 평범했다. 멧돼지 사냥은 귀족들의 기량을 뽐내기 위한 행사였는데 혼자서는 하기 힘들어 집단으로 이루어졌던 프로젝트였다. 아폴로도로스는 헤라클레스가 멧돼지를 몰아세워 속력을 떨어뜨리게 한 다음 올가미로 잡았다고 구체적으로 서술하고 있다. 대부분의 화자들이 더 흥미롭게 여긴 것은 이후의 이야기였다. 멧돼지를 산 채로 미케네까지 운반하는 일이 더 어렵기 때문이다. 헤라클레스는 이를 용케 해낸 다음, 또 다시 항아리 속에 몸을 숨긴 유약한 에우리스테우스 위로 멧돼지를 휘휘 돌림으로써 과업을 마무리 지었다. 그리스 도자기 화가들은 이 코믹한 장면을 질리는 법 없이 계속 그렸다.

헤라클레스가 에리만토스 멧돼지를 에우리스테우스에게 갖다주는 장면이 그려진
아테네식 암포라, 기원전 540-530년.

5. 아우게이아스왕의 외양간

다섯 번째 과업도 펠로폰네소스반도에서 이루어졌다. 이번에 헤라클레스는 아우게이아스왕이 다스리는 엘리스로 여행을 떠나야 했다. 처음으로 괴수를 처치하거나 전투를 벌일 일이 아니었다. 에우리스테우스는 단 하루 만에 소 떼를 가둬두는 거대한 축사를 깨끗이 치우도록 명령했다. 헤라클레스는 신체적인 힘을 쓰는 대신 기지를 발휘하여 근처 강의 물줄기를 돌려 축사 안의 배설물을 씻어 냈다. 이 일화는 이미 기원전 460년경에 올림피아에 있는 제우스 신전 메토프에 그려지기는 했으나 시각 예술가보다는 작가들에게 많은 영감을 제공했다.

6. 스팀팔로스의 새

그리스 신화는 태생적으로 둘 이상의 버전이 존재한다는 사실을 보여주는 에피소드다.

스팀팔로스의 새 떼가 왜 골칫거리였는지에 대해서는 다양한 설이 있다. 새들의 숫자가 어마어마하여 주변 농작물에 피해를 입혔다는 설, 새들이 깃털을 화살처럼 쏠 수 있어서 위협이 되었다는 설 등이 있는데 그중 가장 놀라운 의견은 이 새들이 식인조였다는 설이다. 헤라클레스가 새 떼를 어떻게 처치했는지에 대해서도 마찬가지로 다양한 견해가 존재한다. 가장 상상력이 풍부한 버전은 헤라클레스가 산 정상에서 헤파이스토스가 제작하고 아테나가 전달해준 동으로 만든 캐스터네츠로 엄청난 소음을 일으켜 새들을

헤라클레스와 스팀팔로스의 새가 묘사된 발렌시아 인근 리리아의 로마 모자이크, 기원전 3세기 전반.

쫓아냈다는 설이다.

신이 전해준 캐스터네츠에 대한 이야기는 더 살펴볼 만하다. 영웅의 삶은 외줄 타기와 같다. 서로 충돌하는 신들 사이의 요구를 적절히 조정해야 한다. 오늘은 헤라의 분노나 아르테미스의 원한 때문에 갈 길이 흔들릴 수 있지만 내일은 아테나나 헤파이스토스의 도움으로 원하던 바를 성취할 수도 있다. 이는 영웅뿐 아니라 인간들도 마찬가지였다. 만약 신들에 대한 희생 제의를 올리는 것을 놓쳤다면 개인과 그 개인이 속한 사회가 불이익을 당했다.

7. 크레타의 황소

일곱 번째로 꼽히는 이 과업으로 헤라클레스는 처음으로 펠로폰네소스반도 밖으로 떠나게 되었다. 에우리스테우스는 헤라클레스에게 크레타의 야생 황소를 붙잡아 미케네로 데리고 오도록 명령했다. 헤라클레스의 전투는 반복해서 예술 작품에 등장하고 특히 아테네 시대의 채색된 화병을 보면 그의 레슬링 기술과 올가미를 던지는 기량이 강렬하게 묘사되어 있다.

문헌에서는 이 황소의 특별함에 대해 다양한 버전으로 서술하고 있다. 제우스를 위해 유로파Europa를 바다 건너 크레타로 데려다준 황소라는 말도 있는데 대부분의 신화 이야기꾼들에 따르면 황소는 제우스 자신이 일시적으로 변신한 모습이었다. 따라서 헤라클레스를 비롯한 누구도 잡을 수 없는 황소였다는 것이다. 헤라클레스가 잡은 황소를 미노스왕 신화에 등장하는 아름다운 흰색

소와 동일시하는 버전도 있다. 미노스는 포세이돈에게 자신의 통치권을 증명할 수 있는 황소를 보내달라고 기도했고 포세이돈은 기도를 들어주었으나 미노스는 황소를 신에게 바치는 것을 거부했다. 이에 극노한 포세이돈은 미노스의 부인인 파시파에가 황소에게 매혹되어 미노타우로스를 낳도록 기괴하고 잔인한 벌을 내렸다.

8. 디오메데스의 암말

헤라클레스는 크레타에서 북쪽에 있는 트라케로 떠나야 했다. 이번 과업은 입으로 사람을 갈기갈기 찢어서 먹는 암말을 처치하는 것이었다. 이 암말들은 트라케의 왕 디오메데스Diomedes 소유로 디오메데스는 전쟁의 신 아레스의 아들이었다. 디오도로스에 따르면 헤라클레스는 암말들에게 주인을 먹이로 던져주었다고 한다. 배가 부른 암말들이 온순해지자 헤라클레스는 암말들을 이끌고 남쪽 미케네로 향했다. 그 다음에는 무슨 일이 있었을까? 신화 이야기꾼들은 에우리스테우스가 암말들을 자신의 수호 여신인 헤라에게 바쳤는지 아니면 풀어주었는지에 대해 의견이 갈린다.

어떤 버전은 헤라클레스 신화를 한 도시의 정치적인 문화와 융화시키는 효과를 가져왔다. 아폴로도로스는 헤라클레스가 압데로스Abderos(헤르메스의 아들이자 헤라클레스의 연인)라는 젊은이의 도움을 받았다는 이야기를 전한다. 헤라클레스는 압도로스에게 암말들을 돌봐주도록 맡겼는데 암말들이 압도로스를 갈갈이 찢어버렸다. 헤라클레스는 압데로스의 무덤 옆에 압데라라는 이름의 도시를 세웠고 이곳은 전설적인 영웅이 직접 세운 도시라고 주장하는 그리스의 도시들 중 하나가 되었다.

9. 히폴리테의 벨트

헤라클레스가 획득해야 하는 다음 트로피는 아마조네스 여왕 히폴리테의 전쟁 벨트였다. 여왕의 이름은 각종 문헌에서 안드로메다Andromeda, 히폴리테 또는 멜라니페Melanippe라고 불렸다. 이 일화는 특히 폭력적으로도 묘사되곤 했는데 특히 시각 예술가들에게 더 그렇게 표현되었다. 작가들 중에는 디오도로스가 헤라클레스의 아마조네스 원정에 대해 정교하게 묘사하고 있는데 격렬하고 피 튀기는 전투 끝에 수많은 아마조네스를 살해하는 것으로 끝을 맺는다. 헤라클레스는 아마조네스의 우두머리인 히폴리테를 죽이는 대신에 그녀의 벨트를 몸값으로 내는 조건으로 그녀를 석방시킨다. 이는 상당히 드문 경우로, 벨트를 건네주는 장면은 상호 간 우호적으로 묘사되기도 했다.

헤라클레스의 과업을 관통하는 공통점은 적수들이 비범하고 색달랐다는 점이다. 평범한 남성 전사들을 무찌르는 것은 성취라고 부를 수 없는 것이었고 과업으로 평가될 수도 없었다. 그런 점에서 아마조네스는 전투 기술뿐만 아니라 그녀들의 존재 자체가 특이성의 전형이라는 점에서 영웅의 적수라고 할 수 있었다.

헤라클레스와 히폴리테의 벨트가 그려진 종 모양의 캄파니아 도자기, 기원전 325-310년.

10. 게리온의 소

열 번째 과업은 얼핏 소 떼를 훔쳐서 미케네로 데리고 오기만 하면 되는 평범한 미션처럼 보였다. 그러나 이 과업은 두 가지 이유로 절대 평범하다고 볼 수 없었는데 하나는 소 떼의 주인 때문이었고 다른 하나는 소 떼의 위치 때문이었다.

소 떼의 주인 게리온은 크리사오르Chrysaor의 아들로, 크리사오르는 포세이돈과 메두사Medusa의 아들이었다. 외조모의 괴수성을 닮은 게리온의 외모를 두고 많은 문헌들이 그를 삼위일체의 괴물로 묘사한다. 게리온이 세 개의 머리만 가졌는지, 몸통도 세 개였는지, 다리가 세 쌍이었는지는 의견이 분분하다.

이처럼 복수의 특성을 가진 게리온과 대결하는 어려움은 그가 사는 지역 때문에 더 악화되었다. 게리온은 세계의 서쪽 경계에 있는, 해가 지는 곳에 위치한 에리테이아라는 섬에 살았다. 스페인 서남쪽으로 여행하는 과정에서 많은 과업을 달성한 다음 헤라클레스는 헬리오스가 매일 밤 해가 진 서쪽에서 동쪽으로 항해하는

그룹 E의 화가, 헤라클레스와 게리온을 그린 아테네식 암포라, 기원전 550-540년경.

데 사용한 황금컵을 빌려 타고 오세아노스의 강을 건넜다. 고대의 많은 이미지들이 헤라클레스와 게리온 사이의 전투를 묘사하고 있다.

헤라클레스가 소 떼를 데리고 미케네로 귀환하는 여정은 여러 문헌에 기록되어 있다. 그중 한 버전에 따르면 헤라클레스는 소 떼를 헬리오스의 황금컵에 태워서 미케네에 있는 에우리스테우스에게 넘겼다. 에우리스테우스는 소 떼를 가지고 무엇을 했을까? 에우리스테우스의 다음 행동은 명백했다. 그를 오랫동안 지원해준 수호 여신 헤라를 위해 소들을 제물로 바쳤다.

11. 헤스페리데스의 사과

헤라클레스가 수확한 이 신기한 사과에 대한 이야기만큼은 대부분의 고대 이야기들이 공통된 줄거리를 말한다. 세상의 서쪽 땅에 사는 헤스페리데스가 사과나무를 돌보았으며 이 사과는 가이아가 제우스와 헤라의 결혼 선물로 선사할 만큼 특별했다. 헤스페리데스는 무시무시하고 괴기스러운 뱀인 라돈과 함께 사과나무를 지켰다.

그러나 이 이야기의 중심 요소에 있어서는 의견이 갈린다. 몇몇 신화 이야기꾼들에 따르면 라돈을 처치하고 사과를 수확한 것은 헤라클레스 혼자 이룬 과업이었다. 그러나 다른 버전에 따르면 이 과업은 영원히 세계를 어깨에 짊어지고 있어야 하는 아틀라스와 헤라클레스의 흥미로운 협업이었다. 헤라클레스는 간을 쪼아

아틀라스가 헤라클레스가 조각된 올림피아 제우스 신전의 메토프, 기원전 470-457년경.

먹던 독수리를 쏘아 죽임으로써 자유롭게 풀어준 프로메테우스로부터 영리한 조언을 듣는다. 아틀라스를 대신하여 잠시 하늘을 짊어지고 그에게 사과 수확하는 일을 시키라는 것이었다. 그의 조언대로 헤라클레스가 잠시 하늘을 짊어지는 동안 아틀라스가 사과를 가져왔으나 아틀라스는 자기가 사과를 에우리스테우스에게 가져다주겠다고 고집을 피운다. 헤라클레스는 침착하게 꾀를 내어 어깨를 받칠 쿠션을 놓을 테니 잠시만 하늘을 들고 있으라고 하고 순진한 아틀라스가 그렇게 하자 헤라클레스는 유유히 사과를 들고 떠나버린다.

비록 책략은 프로메테우스의 꾀에서 나왔다 하여도 헤라클레스는 이 책략을 침착하게 수행할 만큼 이성적이고 전략적이었다. 헤라클레스는 사과를 에우리스테우스에게 주었고 에우리스테우스는 아테나에게 사과를 건넸으며 아테나는 헤스페리데스에게 사과를 돌려주었다.

12. 케르베로스

오직 오디세우스, 테세우스, 헤라클레스와 같은 위대한 영웅들만이 '어떤 여행자도 돌아올 수 없는 발견되지 않은 나라'를 지나서 용케 살아서 돌아오게 마련이다. 그러기 위해서는 죽은 자와 산 자 사이의 경계를 지키는 수호자 케르베로스를 거쳐야 했다. 두 개, 몇십 개 혹은 백 개로 이루어진 개의 머리와 뱀의 꼬리가 있고 수많은 뱀이 등에서 솟아 나오는 케르베로스는, 히드라와 게리온의 사냥개를 섞어 놓은 것 같이 생긴 괴물이다. 케르베로스의 토사물이나 침이 땅에 닿으면 그곳에서 독을 품은 식물이 자라난다고 알려져 있었다. 헤시오도스는 케르베로스가 날생선을 먹었고 청동의 목소리를 가졌으며 힘이 막강했다고 적고 있다. 그러나 동시에 교묘한 술수를 쓸 줄도 알았던, 그야말로 난이도 최상의 괴물이었다.

헤라클레스의 열두 번째이자 마지막 과업은 케르베로스를 하데스Hades의 영역인 죽은 자들의 땅에서 데리고 나와 에우리스테우스에게 보여주는 것이었다. 《오디세이아》에서 헤라클레스는 오디세우스에게 아테나와 헤르메스의 도움으로 어떻게 케르베로스를 잡았는지 이야기한다. 아테나는 언제나 헤라클레스의 조력자였고 헤르메스는 삶과 죽음, 지상과 지하 세계의 조정자였다. 아폴로도로스는 여기에 조금 더 살을 붙인다. 헤라클레스는 케르베로스가 항복할 때까지 목을 졸라 붙잡는다. 이어지는 우스운 장면은 많은 회화 작품 속에 묘사되어 있다. 지옥에서 온 괴물을 보고 놀란 에우리스테우스는 비굴하게 공포에 질려, 항상 그랬듯 항아리 속에 숨어서 허우적대고 있다.

헤라클레스의 과업은 우주나 인간 삶의 근본 틀을 바꾸는 것은 아니었다. 마지막 과업도 마찬가지여서 헤라클레스가 케르베로스를 지옥에 있는 집으로 돌려보내는 것으로 마무리된다. 다른 결말이었다면 지상 세계와 지하 세계, 삶과 죽음 사이의 정상적인 경계가 허물어지는 혼란을 가져왔을 수도 있다.

독수리 화가, 에우리스테우스, 헤라클레스 그리고 케르베로스를 그린 케레탄 물동이, 기원전 6세기.

헤라클레스의 과업은 '이 이야기의 저변에 깔린 진실은 무엇인가?'라는 질문을 던지게끔 한다. 기원전 4세기에 활동한 작가인 팔레파투스Palaephatus는 이런 사고의 흐름으로 헤라클레스의 과업을 재해석했다. 예를 들어 히드라는 레르누스왕이 지배했던 요새의 이름으로, 에우리스테우스는 헤라클레스를 보내 요새를 점령하려고 했으나 요새를 지키는 궁수 중 한 명을 처치하면 그 자리에 두 명이 채워지는 바람에 이올라우스가 요새에 불을 질러 헤라클레스를 도와주었다는 식이다.

이러한 독창적인 관점은 오늘날까지도 자주 인용될 정도로 인기를 얻고 있다. 남자의 상반신에 말의 하반신을 가진 켄타우로스centaur는 말 위에 앉은 남자에 대한 혼란스러운 기억이 형상화된 것이고 키클롭스Cyclops 누군가가 작은 코끼리의 두개골 가운데 난 커다란 구멍을 눈구멍이 하나인 괴물로 형상화한 것이라는 등…. 다만 이런 접근 방식에는 하나의 결정적인 단점이 존재하는데 신화를 단순히 평범한 세상을 반영한 이야기로 치부한다는 것이다. 일상의 시선을 과감히 탈피하게 해주는, 신화다운 대담한 상상력이라는 가치를 탈색해버리는 것이다.

헤라클레스를 긍정적인 대상으로 보아야 할 것인지, 멸시의 대상으로 보아야 할 것인지에 대한 다양한 철학적인 논쟁에는 팔레파투스의 독특한 관점보다 더 도발적인 의견이 많다. 키니코스학파에게 헤라클레스는 쾌락의 유혹에 이끌려 옆길로 새거나 고된 노역을 묵묵히 수행한 인내심의 표상이었다. 스토아학파도 헤라클레스가 무법에 대항했던 대의와 세상의 문명화를 위한 사심 없는 헌신을 높이 샀다. 이러한 접근 방식은 헤라클레이토스Heraclitus의 저서 《호메로스처럼 생각해볼 문제들》을 통해 잘 드러난다. 그는 무엇이 헤라클레스의 진정한 가치인가에 대해 다음과 같이 전통적이지 않은 관점을 취하고 있다.

헤라클레스의 힘이 그의 육체에서 비롯된 것이라고
보아서는 안 된다. 오히려 그는 지식인이었으며 천상의

지혜를 보유한 자로,
어두운 무지 속에 있던 철학에 한 줄기 빛을 던진
자였다.
헤라클레스가 잡은 멧돼지는 인간들의 흔한 실수의
상징이고,
사자는 바람직하지 않은 목표에 대한 무분별한 추진을
의미했으며,
마찬가지로 헤라클레스가 비이성적인 욕망을 억누른
것은
난폭한 황소에 족쇄를 채운 것이었다. 헤라클레스는
한편으로
케르네이아의 암사슴이 상징하는 비겁함을 세상에서
추방했다.

키니코스학파와 스토아학파만이 이러한 접근 방식을 택한 것은 아니다. 위대한 로마 시인 루크레티우스Lucretius로 완성된 에피쿠로스학파도 흔한 괴물 잡기라는 설명에 반대했다. 그는 네메아의 사자나 에리만토스의 멧돼지가 얼마나 해를 끼칠 것인지 반문하며, 진정으로 신의 반열에 오를 수 있는 인간은 괴물을 몇 마리 처치한 남자가 아니라 진실로 탁월한 개인, 즉 자만, 비열함, 방종과 같은 내면의 적을 제거한 자였다. 에피쿠로스학파에 따르면 인류를 두려움으로부터 해방시키는 일이야말로 이두박근과 거대한 몽둥이를 휘둘러 얻어낼 수 있는 것보다도 훨씬 더 가치 있는 업적이었다.

중세 시대, 모두가 헤라클레스를 꿈꾸다

다른 그리스·로마 시대 신화들과 마찬가지로 헤라클레스의 과업 역시 계략과 음모, 사랑과 증오, 신과 인간 관계에 대한 미묘한 이야기들이 얽혀 있었다. 신화 이야기꾼들로부터 전래된 이 이야기들은 후대로 갈수록 여러 의문이 제기되기도 했는데, 특히 헤라클레스의 과업에 대해서는 후기 고대부터 르네상스까지 특징적인 두 가지 주제로 이야기되곤 했다. 하나는 헤라클레스의 행동이 윤리적인가에 대한 주제고 다른 하나는 광대한 지역을 아우른 헤라클레스의 발자취가 해당 지역에 어떤 영향을 끼쳤는가에 대한 주제다.

먼저 헤라클레스에 대한 윤리적 평가와 관련하여서는 방대한 자료가 존재한다. 초대 기독교 교회 창립자들의 평가는 엇갈렸다. 테르툴리아누스는 이 영웅이 신과 같은 명예를 얻을 자격이 있는지 비웃음 섞인 의문을 제기했다.

> 야수를 용감하게 무찌른 용맹함이 그토록 기억할 만하단 말인가?

> 비록 혐오스러운 경기장에서 강제로 싸우게 된 처지라
> 할지라도
> 범죄자들은 어차피 야수들을 한 번에, 엄청난 열정으로
> 처치하지 않는가?

락탄티우스Lactantius도 덜 멸시하는 어조이기는 하나 테르툴리아누스와 동일한 입장이다.

> 그가 사자와 멧돼지를 잡고, 새를 화살로 떨어뜨리고,
> 왕의 축사를 청소하고, 사악한 여자를 잡아 그녀의
> 벨트를 빼앗고,
> 야만적인 말들을 주인과 함께 제거한 것이 그토록
> 대단한 일이란 말인가?
> 이는 용감하고 영웅적인 인간이 한 일이기는 하나
> 상대가 유약하고 불멸의 존재가 아니었기에 그는
> 여전히 인간에 불과하다.
> 마음을 정복하고 화를 참는 것이야말로 가장 용감한
> 자가 할 수 있는 일로,
> 그는 이러한 일을 한 적도 없고 할 수도 없었다.

그러다 점차 헤라클레스와 예수 사이의 유사점을 강조하는 쪽으로 이 신화가 이야기되기 시작한다. 특히 죽음과 대적하고 극복

알케스티스, 헤라클레스, 케르베로스 그리고 아드메토스가 그려진 로마 카타콤의 벽화, 기원전 4세기.

하는 능력에 초점이 맞춰졌는데, 로마 카타콤의 벽화를 보면 구약과 신약 성서의 장면으로 도배된 가운데 당당하게 영웅적인 자세를 취하고 있는 헤라클레스를 발견할 수 있다.

삶과 죽음의 경계를 가로지르는 헤라클레스의 능력을 증명하려는 듯, 이 벽화에서 그는 머리가 셋 달린 케르베로스의 목끈을 꽉 붙들고 있다.

고전주의 이후 헤라클레스가 상대한 적수에 대한 묘사에 있어

윌리엄 블레이크, 단테와 베르길리우스를 말레볼게로 데려가는 게리온, 단테의 《신곡》 삽화 중, 1824-27년.

서는 단테의 《신곡》 중 〈지옥〉이 단연코 최고다. 단테가 묘사한 케르베로스는 지옥의 세 번째 원을 지키는 혐오스러운 간수로, 영원히 내리는 비에 흠뻑 젖은 채 진흙탕 속에 빠져 있는 게걸스러운 영혼들을 고문한다. 그보다 더 깊은 지옥에서는 게리온이 베르길리우스와 단테를 지옥의 일곱 번째 원에서 여덟 번째 원으로 옮겨주었는데 혐오스럽기는 케르베로스와 마찬가지다. 단테의 게리온은 사람의 형상을 띠고 있는 반반한 얼굴에 털이 난 발바닥과 전

갈처럼 독침이 끝에 달린 천박한 무지개빛 파충류 몸통을 가지고 있다.

단테에게 헤라클레스는 예수와 동일시되는 정도가 아니라 위대한 업적을 이루는 영광스러운 자로 악에 대항하는 선의 화신이었다. 헤라클레스에 대한 가장 긍정적인 평가는 14세기 초《오비드 모랄리제》에서 발견할 수 있다. 사실 중세부터 르네상스 시대에 이르기까지 헤라클레스는 존경할 만한 능동적인 삶의 화신이자 악을 이긴 미덕의 상징, 특히 힘의 미덕을 상징하는 존재로 널리 받아들여지고 있었다. 초서Chauser의《켄터베리 이야기》의 화자는 헤라클레스에 대한 장황한 칭송에 다음 이야기를 추가한다.

> 헤라클레스, 주권을 가진 승리자,
> 그의 과업은 그에 대한 찬양과 영원불멸한 명성을
> 노래했다.
> 전성기의 그는 절정에 다다른 인간의 힘을 상징했다.
> 세상이 시작한 이래로 그처럼 많이 괴물들을 처치한
> 영웅은 없었다.

그러나 헤라클레스는 운명의 여신이 던진 파멸의 주사위 놀음의 희생양이었고 데이아네이라와 그녀가 몰래 보낸 죽음의 가운 때문에 몰락하고 말았다.

그 자신을 아는 자는 현명하나니, 조심하라!
운명의 여신이 그대를 속이려고 할 때는,
전혀 예상하지 못한 방법으로 그대를 몰락시킬 계략을 세울 것이다.

어찌 되었든 헤라클레스에게 주로 강조된 이미지는 긍정적인 측면이었다. 15세기 피렌체의 인문주의자이자 정치가였던 콜루치오 살루타티Coluccio Salutati는 논문 〈헤라클레스의 과업〉에서 '완벽한 사람의 업적'이라고 한 바 있다. 16세기 중반부터는 예수와 헤라클레스의 유사점이 이야기되는데, 르네상스 시대 대표적인 시인인 피에르 드롱사르Pierre de Ronsard의 〈기독교인 헤라클레스의 찬가〉에서도 이런 내용이 잘 설명되고 있다. 영국의 시인 에드먼드 스펜서Edmund Spenser의 〈요정여왕〉에서는 헤라클레스를 영웅적인 기사도의 전형으로 그리고 있으며 아서왕과 비교하며 그를 칭송한다. 이 시의 뒷 부분에는 아서왕이 완파한 몸통이 세 개 달린 게리오네오라는 괴물이 나오는데, 게리오네오는 고대 괴물 게리온의 아들이다. 스페인의 필립 2세가 세 개의 왕국 즉 스페인, 포르투갈, 베네룩스 3국을 다스렸다는 점에서 게리오네오는 필립 2세의 상징이라 하겠다.

스펜서의 글은 헤라클레스를 소재로 이야기되던 윤리라는 주제에서 다음 주제인 정치로 초점을 옮겨간다. 다만 여기에서 헤라클레스의 12가지 과업을 마치 한 묶음의 이념적인 행동으로 간주해서는 안 된다. 특히 헤라클레스의 과업이 정확히 무엇이었는지에 대하여 고대와 그 이후 시대 버전이 정확히 일치하지 않는다는 사실을 고려하면 더욱 그렇다. 중세와 르네상스 시대 작가들과 예술가들에게 큰 영향을 미친 로마의 철학자이자 정치가였던 보에티우스Boethius의 저서《철학의 위로》는 고대 작가들 대부분이 포함시켰던 5개의 과업(케리네이아의 암사슴, 아우게이아스왕의 외양간, 크레타의 황소, 히폴리테의 벨트, 게리온의 소)을 빼버렸다.

과업에 무엇이 포함되고 무엇이 포함되지 않느냐는 정치라는 주제 안에서는 크게 중요하지 않다. 중요한 것은 헤라클레스가 위험한 적수들을 무찌른 그의 능력 덕분에 많은 유럽 나라들의 정치적 이념과 관련하여 중추적인 역할을 했다는 사실이다. 문헌에 따라 특정한 업적을 더 우선시하고 다른 업적은 축소시키도 했던 배경에는 이러한 이유가 존재한다.

르네상스 시대의 헤라클레스와 관련해서는 이탈리아가 이야기의 출발점이다. 헤라클레스의 형상은 1281년부터 피렌체의 인장에 새겨졌으며, 조각가 바치오 반디넬리Baccio Bandinelli의 대표적인 작품인 〈헤라클레스와 카쿠스〉는 피렌체의 베키오 궁전 입구에 미켈란젤로의 다비드상과 나란히 세워졌다.

1471년부터 1505년까지 이탈리아 북부 페라라 지방을 통치한 에스테Este 가문은 헤라클레스가 자신들의 조상이라고 주장할 정도였다. 당대 문화계를 장악했던 귀족 이시벨라 데스테Isabella d'Este의 아들, 페데리코 2세Federico II는 궁전 천장에 헤라클레스로 묘사되기도 했다. 그림 속 페데리코 2세는 '모든 곳에서 강한 자'라고 새겨진 황금색 리본이 달린 몽둥이를 쥐고 있다.

헤라클레스와 독일 사이의 연결고리는 로마의 역사가 타키투스의 저술에 나와 있다. 타키투스에 따르면 독일인들은 헤라클레스가 자신들을 방문했다며 전투에 나가기 전 헤라클레스에 대해 노래한다. 이러한 독일과 헤라클레스와의 상관관계는 15세기와 16세기에 활발하게 이용된다. 신성로마제국 황제 막시밀리안 1세Maximilian I는 지금 봐도 어색하지만 '게르만족 헤라클레스'로 묘사되기까지 했다.

막시밀리안 1세의 이미지보다 더 충격적인 이미지는 한스 홀바인Hans Holbein이 그린 마틴 루터의 초상이다. 홀바인 역시 마틴 루터를 뚜렷하게 구분되는 슈퍼 영웅인 '게르만족 헤라클레스'로 묘사한다. 그림 속 마틴 루터는 스파이크가 박힌 몽둥이로 아리스토텔레스와 토마스 아퀴나스를 두들겨 패고 있으며 작게 쪼그라든 교황 레오 10세는 루터의 코에 낀 링에 대롱대롱 매달려 있다.

헤라클레스의 정복자 이미지는 이렇듯 유럽에서 활발하게 활용되는데 특히 프랑스에서 군주제의 권위를 강화하기 위해 적극적으로 선전되었다. 16세기 프랑스 국왕인 프랑수아 1세 부터 18세기 이르기까지 프랑스 왕들은 스스로를 '켈트족 헤라클레스'라고 칭했다. 앙리 4세의 경우, 두 번째 부인 마리 드메디치Marie de Medici와의 결혼을 축하하기 위하여 1600년에 아비뇽에서 축하 행렬이 이어졌는데 이 행사는 신학자인 앙드레 발라디에André Valladier

게르만족 헤라클레스로 분장한 막시밀리안 1세, 목판화, 1495-1500년.

의 《승리자 켈트족 헤라클레스의 왕립 미로》에 기록된 바 있다. 이 책에는 7개의 개선문을 그린 판화가 실려 있는데 각각의 개선문은 헤라클레스의 과업에 빗댄 앙리 4세의 과업을 상징한다.

최고의 힘을 가진 마초 전사

오이디푸스, 메데이아, 프로메테우스와 비교하여 헤라클레스는 오

한스 홀바인, 〈게르만족 헤라클레스로 분장한 루터〉, 1519년.

늘날 인간의 조건을 통찰하는 데 있어 특정한 입지를 차지한다고 보기는 어렵다. 이보다는 파괴적이고 충동적인 폭력성과 유약함의 역설적인 조합이라는 그의 캐릭터가 더 부각되는 편이다.

이러한 측면을 대표하는 작품은 에우리피데스의 《헤라클레스의 광기》와 소포클레스의 《트라키스의 여인》이다. 두 작품은 각각 광기에 휩싸인 영웅이 가족을 몰살한 사건과 두 번째 부인 데이아네이라 손에서 고통스러운 죽음을 맞이한 사건을 묘사한다. 독일의 극작가 프랑크 베데킨트Frank Wedekind의 1917년작 연극 〈헤라클레스〉는 헤라클레스의 실패에 대한 우울한 탐구라 할 수 있다. 이 작품은 심리적 파멸에 대한 이야기를 12개의 장으로 극화했는데, 헤라클레스의 과업이 궁극적으로 신격화를 목표로 했다 치더라도 결국엔 파멸을 향한 내리막이었다는 사실을 보여준다.

상상력의 측면에서 더 혁신적인 작품은 영국의 극작가 마틴 크림프Martin Crimp의 2004년 작품인 〈잔인하고 부드러운Cruel and Tender〉으로 이 희곡은 《트라키스의 여인》을 전 세계적인 불안감이라는 배경에 재배치한다. 테러리즘이라는 히드라를 제거하기 위하여 아프리카에서 피비린내 나는 군사 작전을 펼친 장군은 결국 반성할 줄 모르는 전범 신세가 되고 그의 아내는 베개 속에 넣은 생화학 무기를 이용하여 그에게 치명적인 복수를 한다.

이와 대조적으로 거대한 이두박근을 가진 남자의 우스운 면을 강조하기도 하는데, 오노레 도미에는 1842년에 제작한 석판화에서 외양간을 고치는 헤라클레스를 유머러스하게 표현했다. 도미에의 작품 속 황소 같은 목에 배가 나온 벌거숭이 장사는 소의 궁둥이라는 적수를 만났다.

도미에 말고도 헤라클레스와 소똥 덩어리 사이의 유머를 만들어낸 작가가 있다. 스위스의 극작가인 프리드리히 뒤렌마트는 1954년 인상적인 풍자극 〈헤라클레스와 아우게이아스왕의 외양간Hercules and the Augean Stables〉을 통해 정부의 무능함과 환경 재앙이라는 현대 사회의 그늘을 극렬히 조롱하기도 했다. 배설물 문제를 해결할 계획이 무한 반복되는 관료주의 때문에 실패하자 정부는

오노레 도미에, 〈아우게이아스왕의 외양간〉. 1842년.

헤라클레스를 고용하기에 이른다. 헤라클레스에게 똥덩어리를 치우는 일은 식은 죽 먹기지만 정부 부처로부터 적법한 허가와 승인을 받는 일은 도저히 이룰 수 없는 과업이다.

헤라클레스의 과업을 12개 풀 세트로 재각색한 또 다른 작품으로 애거서 크리스티의 단편집 《헤라클레스의 모험The Labours of Hercules》을 들 수 있는데 전설적인 탐정 에르퀼 푸아로의 마지막 사건들에 헤라클레스의 과업을 차용한다. 작은 키와 완벽하게 정돈된 콧수염 등 푸아로와 헤라클레스 사이의 유사점은 절대 신체적 특징에 있지 않다. 이 둘의 유사점은 케르베로스 과업과 맞먹는 마지막 사건에서 푸아로가 엄청나게 크고 못생긴 검은 개가 지키는 나이트클럽, 지옥을 테마로 하는 그 나이트클럽에 다다른 순간 드러난다.

애거서 크리스티보다 더 시사하는 바가 많은 작품은 뉴질랜드 화가인 메리엔 매과이어Marian Maguire의 시리즈다. 그녀는 헤라클레스의 역할을 정착민의 원형, 대지를 길들이는 자로 보았다. 문제의 중심에 있는 대지는 마오리족이 거주하고 있는 뉴질랜드다. 그녀는 헤라클레스의 엄청난 여정이 남태평양에 이른다고 상상한다. 전반적인 시각적 틀은 고대 그리스 화병인 암포라의 형상을 띠고 있다. 그녀의 시리즈 속 헤라클레스는 종종 실패하기도 하지만 질서를 부여하기 위한 시도를 계속한다. 〈집에서 편지를 쓰는 헤라클레스Herakles Writes Home〉라는 작품 속에서 사자 가죽이 의자 뒤에 무심하게 걸쳐져 있는 것을 보라.

메리엔 매과이어, 〈집에서 편지를 쓰는 헤라클레스〉, '헤라클레스의 과업' 시리즈 중 플레이트 VIII, 2007-8년.

고전학자인 그레타 호스Greta Hawes 역시 뉴질랜드인인데 메리 엔 매과이어의 작품에 대해 다음과 같이 기발하게 썼다.

> 헤라클레스는 이 남태평양 소도시에서 누구에게
> 편지를 쓰는가? 살해당한 그의 부인과 자식들?
> 부재중인 그의 아버지? 항상 적대적인 새어머니?
> 그에게 집은 어디인가? 매과이어의 헤라클레스는
> 뉴질랜드의 식민지 역사와 잘 어울린다. 그는 쉽게
> 알아볼 수 있는 인물이다. 눈길을 끌고 고독한,
> 비범하지만 언제나 제 자리에 있지 않는 사람 같다.

헤라클레스의 또 다른 측면으로 최상의 마초적인 전사를 빼놓을 수 없다. 근육질 검투사와 유사한 역할을 한 것인데 헤라클레스의 이러한 특성은 만화와 게임뿐만 아니라 극장과 텔레비전 영화의 역사 속에서도 오늘날까지 꾸준히 발현되고 있다. 이 역할에 가장 잘 어울리는 육체를 가진 것으로 유명했던 배우는 스티브 리브스Steve Reeves, 아널드 슈워제네거Arnold Schwarzenegger, 케빈 소보Kevin Sorbo가 있다.

만화에 등장하는 헤라클레스는 1960년대 마블 코믹스에서 인기를 얻기 시작한 이후 계속 이어지고 있다. 현대의 엔터테인먼트 속에서 헤라클레스는 맨몸으로 싸우기도 하지만 자동 소총과 같은 현대 무기를 장착하기도 한다. 신화 속에서 그는 홀로 싸우지만

케빈 소보 주연의 TV 시리즈 〈헤라클레스〉 스틸컷, 1995년.

현대의 대중문화 속에서는 어벤저스처럼 강력한 그룹에 참여하기도 한다.

헤라클레스는 함께 머리를 맞대기에는 썩 좋지 않을 수 있지만 함께 싸우기엔 이보다 더 월등한 인물은 없다. 헤라가 요람으로 보낸 뱀을 목 졸라 죽임으로써 삶을 시작했고 올림포스 신의 반열에 오름으로써 삶을 마감한 헤라클레스의 가장 큰 특징이라 할 것이다.

8
이루어질 수 없는 사랑의 비애
오르페우스와 에우리디케
Orpheus and Eurydice

　헤라클레스가 자연, 특히 야생 동물을 무자비한 힘으로 지배했다면 뛰어난 재능을 가진 가수이자 리라 연주자였던 오르페우스는 말 그대로 주변을 황홀경에 빠뜨렸다. 새와 다른 동물뿐 아니라 나무와 강, 심지어 바위까지 그의 음악에 빠져들었다고 전해진다.

　오르페우스의 혈통은 신에 가깝다. 오르페우스의 어머니는 예술과 학문의 여신인 뮤즈 칼리오페Calliope고 아버지는 태양과 음악의 신 아폴론이라는 설과 전쟁의 신 아레스의 아들인 트라키아의 왕 오이아그로스Oiagros라는 설이 있다. 오르페우스는 전쟁에 심취한 적이 없고 다른 영웅들처럼 피를 튀겨가면서 용맹함을 표출하는 모험에 참여한 적이 거의 없다. 유일한 예외는 이아손을 따라 동행한 아르고호의 항해가 전부다. 그러나 테스토스테론으로 가득한 이 원정에서도 오르페우스의 무기는 창이나 검이 아닌 리라와 목소리였다. 아르고호 선원 사이에 벌어진 작은 다툼이 크게 번지려고 하자 오르페우스가 신들의 태곳적 업적을 노래함으로써 상황을 진정시키고 주의를 분산시켰다. 아폴로니우스는 《아르고호의 항해》에서 이렇게 밝힌다.

> 이것이 그의 노래였다. 그는 리라과 자신의 목소리를 점검했다.
> 오르페우스의 노래가 끝났음에도 다른 선원들은 여전히 평화로운 주문을 들으려고 귀를 기울이면서 몸을 앞으로 내밀고 있었다.
> 이것이 선원들 사이를 맴돌고 있는, 넋을 빼놓는 음악의 힘이었다.

이후에도 오르페우스는 다시 한 번 음악적 재능을 발휘하여 사이렌의 치명적인 위험으로부터 아르고호를 지킨다. 그의 생동감 있고 빠른 곡조가 사이렌의 감미로운 목소리를 덮음으로써 사이렌의 저주를 막았던 것이다.

관능적이고 신비로운 세계에 대한 환상

아폴로니우스의 작품 한 구절로 오르페우스 이야기를 시작한 데는 이유가 있다. 산문 형식으로 기록된 다른 신화와 달리 오르페우스의 이야기는 눈부시게 아름다운 음악성과 황홀한 노래로 이루어진 만큼 시인들에게 있어 최고의 주제였다. 고대 그리스의 작사가인 시모니데스Simonides를 비롯하여 고대 그리스 시인 안티파트로스Antipater가 오르페우스의 음악적 재능을 달콤한 시로 읊었으나 단연코 그중 으뜸은 오비디우스와 베르길리우스였다.

오비디우스의 《변신 이야기》 10권과 11권의 도입부는 오르페우스가 겪은 일과 그가 부른 노래에 대한 이야기가 대부분이다. 오르페우스와 에우리디케의 결혼식 날, 신부 에우리디케는 요정들과 들판을 거닐다가 독사에게 발목이 물려 죽게 된다. 슬픔으로 몸부림치며 리라 연주를 통해 비통함을 쏟아내면서 오르페우스는 에우리디케를 찾으러 저승으로 내려간다. 오르페우스의 눈물 어린 간청에 죽음의 신 하데스조차 생사에 대한 기준이 일시적으로 흔들린다. 심지어 악명 높은 범죄자들에게 부과되었던 영원한 형벌도 잠시 중단되었다.

> 오르페우스가 곡조를 붙여 자신의 사정을 읊조리자
> 피도 눈물도 없는 혼령들도 눈물을 흘렸다.
> 잠시 동안이나마 탄탈로스는

자꾸 멀어지는 샘물을 붙잡으려는 노력을 멈추었고,
익시온의 바퀴는 돌아가기를 멈췄으며,
독수리들은 티티오스의 간을 쪼아 대는 것을 쉬었고,
다나이데스는 물항아리를 던져 버렸으며,
시시포스는 바위 위에 걸터앉았다.
복수의 여신들의 마음도 오르페우스의 노래로
누그러졌고,
일설에 따르면 최초로 진정한 눈물을 흘렸다 한다.

하데스도 오르페우스를 가엾이 여겨 에우리디케를 데리고 지상으로 돌아가는 것을 허락했으나 여기에는 하나의 조건이 있었다. 오르페우스는 뒤를 따라오는 에우리디케를 돌아보지 않아야 하며 이를 지키지 못하는 경우 에우리디케는 영원히 죽음의 세계에 머물러야 했다. 신화와 민담의 세계에서 조건이란 깨어지기 위해 존재한다. 어쩌면 뒤에 존재한다는 것 자체가 에우리디케가 저승과 아직 연결되어 있다는 것을 의미할 것이다.

죽음과 같은 고요 속에서 그 둘은
위로 향하는 언덕을 올랐으니,
길은 가파르고 어두웠으며 검고 짙은 안개로 뒤덮여
있었다.
이제 갈 길이 얼마 남지 않았다.

지상으로 나가는 출구와 빛이 목전에 있다!
오르페우스는 사랑하는 사람이 뒤쳐지지 않을지
두려웠다.
간절히 그녀를 보고 싶었다.
그는 돌아보았고, 동시에 그녀는 어둠 속으로 떨어졌다.
그녀는 손을 뻗어 그의 손을 잡아 보려고 했지만,
불쌍한 영혼이 잡을 수 있었던 것은
손아귀를 빠져나가는 공기뿐이었다.
두 번째 죽음을 맞이하며 그녀는
남편의 실수에 대해 불평하지 않았으니,
그가 그녀를 사랑했다는 죄 말고 불평할 것이 무엇이
있겠는가?
그녀는 안녕이라고 마지막 작별인사를 들릴 듯 말 듯 한
희미한 목소리로 속삭이고는,
그림자의 땅으로 다시 한 번 휩쓸려 갔다.

한참을 절망 속에서 자기 부정에 빠져 있던 오르페우스는 용서를 모르는 땅, 트라케로 들어간다. 그는 이성과의 모든 접촉을 혐오하면서 어린 소년들을 성적 욕망의 대상으로 삼게 되는데 트라케에 동성애를 처음 알린 사람이 오르페우스라고 한다. 변하지 않은 것이 있다면 그의 음악이 가진 힘이었다. 정신이 나가 미쳐버린 시인은 사방이 뚫린 언덕에 앉아 리라를 켜기 시작했다.

잠시 후 그의 곁으로 넓은 그늘이 드리워졌는데 떡갈나무, 포플러, 월계수, 개암나무, 마가목을 비롯한 온갖 나무들이 먹먹한 노래가 흘러나오는 곳으로 몰려왔기 때문이었다. 나무뿐 아니라 온갖 야생 동물 역시 그의 노래에 매료되었다. 이 가운데 오르페우스는 신들의 저주받은 사랑 이야기를 들려준다.

　그의 공연이 끝날 무렵 트라케의 여인들이 오르페우스를 보게 된다. 여성을 거부한 시인에게 복수하기 위하여 그에게 돌과 나뭇가지를 던지고 농부들이 버리고 도망간 농기구까지 휘두른다. 여인들의 광기 앞에서 오르페우스의 애원은 소용이 없었고 결국 그의 몸은 갈기갈기 찢겼다. 그럼에도 그의 노래를 막을 수 없었다. 오르페우스의 머리와 리라는 근처에 있는 헤브루스강으로 던져졌는데 바다로 흘러내려가면서도 그의 머리는 애처로운 후렴구를 읊조렸다. 결국 오르페우스의 머리와 리라는 레스보스섬 해안가로 떠밀려왔고 마침내 지하 세계로 돌아가게 되었다. 그곳에서 에우리디케와 애정 어린 재회가 이루어진다.

　　　마침내 연인들은 함께 거닐 수 있었다.
　　　그녀가 앞서가면 그가 뒤따라갔다.
　　　그러다 오르페우스가 앞장섰다.
　　　그리고 이제 에우리디케를 안심하고
　　　돌아보아도 된다는 것을 알았다.

오비디우스보다 앞선 세대에 베르길리우스는 동일한 신화를 자신의 버전으로 각색한 바 있다. 여기에서 베르길리우스가 강조했으나 오비디우스는 무시한 주제가 하나 있었으니, 오이디푸스만큼 독특한 인물인 아리스타이오스Aristaeus의 범죄와 속죄에 관한 이야기다.

아폴론과 님페 키레네Cyrene 사이에서 태어난 아들인 아리스타이오스는 다양한 종류의 농업에 일신을 바쳤는데 특히 낙농과 양봉에 관심을 쏟았다. 어느 날 그의 벌들이 설명할 수 없는 원인으로 죽어버리자 바다의 신 프로테우스Proteus에게 신탁을 구했다. 프로테우스에 따르면 문제의 원인은 아리스타이오스 자신이었다. 과거에 아리스타이오스는 에우리디케에게 욕정을 느껴 그녀를 뒤쫓아갔고 도망치던 에우리디케는 발아래 독사를 미처 발견하지 못했다. 슬픔과 분노에 휩싸인 에우리디케의 자매들은 아리스타이오스의 벌들을 죽임으로써 죄인을 벌했다. 프로테우스에 따르면 그녀들을 달래는 방법은 동시에 벌들을 다시 살리는 방법이었다. 아리스타이오스는 황소와 어린 암소 몇 마리를 잡아 제물로 바쳤고 거기에서 기적적으로 벌 떼들이 다시 생겨났다.

물론 베르길리우스와 오비디우스 버전만 존재했던 것은 아니었다. 신화 이야기꾼들의 여러 버전 중에는 오르페우스가 죽음의 세계에서 부인을 데려오는 데 성공했다는 이야기도 있다. 에우리피데스의 《알케스티스》나 플라톤의 《향연》에서는 간접적으로 오르페우스가 에우리디케를 데리고 돌아갈 수 있었다고 전하지만 이에 대해 직접적으로 언급된 것은 기원전 3세기가 되어서다. 고대 그리스 시인인 헤르메시아낙스Hermesianax가 밝히기를, 오르페우스는 확실히 자신의 아내를 지상으로 데리고 올라온다.

시각 예술 분야에서 오르페우스는 인기가 덜했다. 시각 예술에

쿠르티 화가, 오르페우스의 죽음을 그린 종 모양의 도자기, 기원전 440-430년경.

오르페우스의 머리가 그려진 아테네식 붉은 그림 물병, 기원전 440년경.

서는 그의 이야기 중 네 가지 주제가 두드러지는데 첫 번째는 트라케의 여인들 손에 죽은 시인과 그의 잘린 머리다.

두 번째는 에우리디케가 없는 지하세계의 오르페우스로, 여기에서 암묵적으로 강조되는 것은 죽은 자들의 영역에서 오르페우스의 음악이 가지는 힘이다.

세 번째는 황홀하게 매료된 동물들에게 조용한 영향력을 행사하는 그의 존재인데 주로 모자이크로 묘사되곤 했다.

마지막 장면은 오르페우스와 에우리디케, 헤르메스가 함께 있

가니메데 화가, 죽은 자의 세계에서 리라를 연주하는 오르페우스를 그린 아풀리아 암포라, 기원전 330-320년.

동물과 함께 있는 오르페우스가 그려진 팔레르모의 로마 모자이크, 3세기.

는 상황으로 가장 유명한 것은 기원전 5세기경 제작된 로마 시대 부조다. 오르페우스는 막 뒤를 돌아보고 있고 죽은 자들의 영혼을 안내하는 헤르메스가 에우리디케를 저승세계로 끌고 가려고 그녀에게 손을 얹고 있다.

고대에서 오르페우스의 특징 중 마지막으로 짚어볼 것이 하나 있는데, 종교와 문학의 교차점에 있는 그의 독특한 위치다. 죽은 자들의 세계를 침투한 경험 덕분에 인간이 갖지 못한 지식을 알게 된 오르페우스는 노래 가사를 통해 신화학과 종말론에서 상당한 영향력을 행사했다. 오르페우스가 특별히 초점을 맞춘 인물은 디오니소스였다. 디오니소스는 타이탄이 잡아먹었다고 알려져 있는데 제우스가 번개를 내리쳐서 이들을 벌했다고 한다. 이들이 타버린 재에서 인간뿐만 아니라 디오니소스도 다시 태어난다.

이 이야기는 디오니소스를 추종하는 이교도, 신비주의 컬트 집단에 주로 활용되었다. 이후 추종자들이 종말론을 제시할 때도 오르페우스의 신화를 이용한다. 이들 이교도들은 이번 생에서 적절한 의식을 행하면 다음 생이 나아진다고 주장하며 사람들을 꾀었다.

거부할 수 없는 매력의 표본

초기 기독교에서 오르페우스를 대하는 태도는 사뭇 이중적이다.

헤르메스, 에우리디케, 오르페우스가 조각된 대리석 부조, 기원전 420년경.

어떤 면에서 오르페우스는 동물들과 주변 환경에 기괴한 힘을 끼치는 악마 내지는 마법사처럼 보인다. 이런 관점에서 보자면 2~3세기 신학자인 알렉산드리아의 클레멘스Clement of Alexandria에게 오르페우스는 사기꾼에 불과했다. 그러나 오르페우스에게는 예수와 같은 특성도 있었다. 우선 오르페우스와 예수 모두 죽은 자들의 세계에 갔던 것으로 믿어졌다. 동물을 조련한 오르페우스와 신의 목자로서 예수의 이미지도 유사하다.

오르페우스와 에우리디케의 관계에 대한 후기 고대와 중세 시대의 묘사는 다양한 우화적 접근 방식을 취한다. 로마의 철학자이자 정치가인 보에티우스가 내린 직설적인 교훈은, 빛의 세계를 향해 가던 것을 포기하고 어둠을 향해 뒤를 돌아보는 순간 모든 것을 잃을 위험이 있다는 사실이다. 보에티우스와 동시대인인 풀겐티우스Fulgentius는 보다 난해한 해석을 한다. 풀겐티우스는 오르페우스가 최상의 소리를 뜻하고 에우리디케는 음악의 신비를 이해하는 데 필수적인 깊이 있는 비판을 상징한다고 보았다. 오르페우스가 에우리디케를 잃었을 때 실제로 그가 잃어버린 것은 음악에 대한 깊이 있는 이해였던 것이다.

오르페우스의 목소리를 이 신화의 핵심으로 본 풀겐티우스의 접근법은 수많은 중세 시대 작가들에게 영감을 주었다. 14세기 중세 프랑스의 작가인 피에르 베르쉬르Pierre Bersuire는 어떤 면에서 오르페우스는 예수를 상징하고 에우리디케는 악마 즉 독사에게 유혹당한 인간의 영혼을 상징한다. 반면 베르쉬르는 다른 측면에서 오르페우스 신화는 영혼을 상징하는 에우리디케를 잃었다가 오르페우스의 노래로 상징되는 속죄와 기도로 이를 되찾는 한 죄인에 대한 이야기일 수도 있다고 말했다.

중세 이후에도 우화적인 해석은 계속된다. 15세기 스코틀랜드 시인 로버트 헨리슨Robert Henryson은 이 신화에 대해 매우 열정적으로 설명했는데 오르페우스를 여전히 긍정적인 존재로 그리고 있다. 로버트 헨리슨에 의한 오르페우스는 두 가지 철학적 주제를 상징한다. 첫째는 물리적 부패로부터 육체를 보존해줄 수 있는 일종의 자연철학 즉 과학이고, 두 번째는 윤리적인 시민 철학인데 이를 통해 인간은 개인적 욕망을 억누르고 유익한 사회를 만들 수 있다.

이후 오르페우스 신화는 점차 비우화적인 방법을 통해 이야기를 다양하게 탐구하는 방식으로 바뀌어간다. 이로 인해 예술적으로 뛰어난 결과물이 배출되기도 했다. 주로 두 개의 서로 연관된 주제로 표현되었는데, 사랑하는 이를 구하려는 연인의 여정과 음악의 마법적인 힘이 그것이었다. 이를 묘사한 가장 매력적인 작품 중 하나는 14세기로 거슬러 올라간다. 중세시대 영국의 운문 로맨스《오르페오 경Sir Orfeo》은 500년 이상이 지난 지금까지 만화와 영화, 게임의 이야기 구성에 영향을 미치고 있다.《오르페오 경》은 윈체스터의 오르페오왕에 관한 이야기다.

부인인 헤로디스가 요정들의 왕에게 납치되자 오르페오는 부인을 되찾기 위한 희망 없는 여정을 시작한다. 10년 동안 하프를

켜면서 자신의 노래를 듣는 동물들에게 애통함을 노래하던 어느 날, 숲에서 다른 요정들과 함께 있는 헤로디스를 목격하고 그녀를 따라 엘프왕의 궁전에 다다른다. 그곳에서 그는 자신을 방랑하는 가난한 음유시인으로 소개하는데 그의 음악에 크게 기뻐한 엘프왕은 음유시인에게 소원을 들어주겠다고 약속한다. 당연히 오르페오가 부인을 돌려달라고 하자 암울한 대답이 돌아온다. 비쩍 마르고 태양에 그을린 거친 오르페오와 사랑스럽고 흠집 하나 없는 헤로디스는 어울리지 않는 부부가 될 것이라는 저주를 들은 것이다. 그러나 다시 만난 부부는 윈체스터로 함께 향했고 오래오래 행복하게 왕국을 다스렸다.

한편 근대의 작가들은 반복해서 오르페우스의 음악이 가지는 마법적인 영향력을 묘사했다. 셰익스피어의 《베로나의 두 신사 Two Gentlemen of Verona》에서 두 신사 중 한 명인 프로에투스는 어떻게 시적인 애통함이 여인의 마음을 얻는 데 쓰일 수 있는지 다음과 같이 설명한다.

> 오르페우스의 리라는 시인의 힘줄로 엮여 있었으니,
> 그의 아름다운 손길은 철과 돌을 부드럽게 했고,
> 호랑이들을 길들였으며 거대한 리바이어던들은
> 모래 위에서 춤을 추려고 측량할 수 없는 깊은 곳에서
> 나왔다네.

《베니스의 상인》에서는 음악의 마법에 걸린 것은 춤추는 리바이어던이 아니라 두 명의 황홀경에 빠진 연인이다. 달빛 아래에서 음악가들이 연주하는 벨몬트의 정원에서 로렌조는 사랑하는 제시카에게 다음과 같이 구애를 한다.

> 시인은 오르페우스가 나무, 돌, 강물마저 움직였다고 노래했다오.
> 아무리 나무토막 같고, 단단하고, 분노에 가득 차 있다 해도
> 음악이 잠시라도 본성을 바꾸지 못하는 것은 없다오.
> 그 안에 음악이 없는 사람이나,
> 감미로운 음악 소리에 감동받지 못하는 사람은,
> 배신, 모략, 약탈에나 어울리는 사람이오.
> 그의 영혼의 움직임은 밤처럼 둔하고,
> 그의 성질은 에레보스처럼 둔하다오.
> 그런 사람은 절대 믿지 마시오.

시각 예술 분야에서도 오르페우스는 거부할 수 없는 영향력을 미치는 음악가로 수없이 묘사되었다. 루카 델라 로비아Luca della Robbia가 제작한 부조를 보라. 피렌체 두오모에 있는 지오토의 종탑 외관에 그의 부조가 있는데 새들과 야생 동물이 오르페우스의 마법에 걸려 있는 모습이 묘사되어 있다.

루카 델라 로비아, 〈오르페우스〉, 1437-39년경.

야코프 회프나겔, 〈동물을 매혹하는 오르페우스〉, 1613년.

이보다 더 매력적인 작품은 야코프 회프나겔Jacob Hoefnagel이 그린 일종의 오르페우스 콘서트로, 관객인 사자와 고슴도치, 표범과 그 밖에 크고 작은 동물들이 나란히 앉아 꿈을 꾸듯 오르페우스의 음악을 듣고 있다.

반면에 오르페우스의 음악성을 어둡게 묘사한 작품도 있다. 대얀 브뤼헐Jan Brueghel은 하데스와 페르세포네 앞에서, 온갖 종류의 악귀들에 둘러싸여 용감하게 연주하고 있는 고립된 오르페우스를 묘사하고 있다.

알브레히트 뒤러Albrecht Dürer가 그린 〈오르페우스의 죽음〉 역시 분위기가 매우 어둡다. 이 작품에서 오르페우스는 나무 몽둥이를 쥔 여성들 손에 두들겨 맞고 있다. 오르페우스의 리라는 그의 발치에 내동댕이쳐진 상태다. 그림의 상단에는 '최초의 남색자 오르페우스'라고 쓰여 있다. 여성과 의절하고 트라케에 동성애를 소개한 자로 알려진 오르페우스의 평판을 이보다 더 노골적으로 시각화한 작품은 없었다.

근대에 오르페우스의 존재감이 다른 신화 속 인물들을 능가한 분야가 있었으니 바로 오페라였다. 야코포 페리Jacopo Peri, 클라우디오 몬테베르디Claudio Monteverdi 같은 작곡가들도 유려한 오페라를 만들어냈지만, 그중 최고는 1762년 비엔나에서 초연된 크리스토프 빌리발트 글루크Christoph Willibald Gluck의 급진적이고 혁식적이며 웅장하기까지 한 오페라 작품 〈오르페오와 에우리디케Orfeo ed Euridice〉다.

이 오페라의 주인공은 사랑의 신 아모르다. 1막의 배경은 에우리디케의 무덤가로, 아모르는 오르페오의 감동적인 애가에 대한 응답으로 상실감에 빠진 시인이 아내를 찾으러 지하 세계로 갈 수 있도록 도우면서 절대 뒤를 돌아보아서는 안 된다는 조건을 단다. 지상으로 향하는 길에 오르페오에게 자세한 설명을 듣지 못한 에우리디케가 계속 조르자 오르페오가 결국 에우리디케에게 얘기하려고 뒤를 돌아보고 비극이 시작된다.

에우리디케를 두 번 잃은 오르페오는 비통함을 아리아로 표현

대 얀 브뤼헐, 〈명계로 간 오르페우스〉, 1594년.

알브레히트 뒤러, 〈오르페우스의 죽음〉, 1494년.

하는데 이 아리아는 역사상 가장 아름다운 아리아 중 하나로 꼽힌다. 아모르는 목숨을 끊으려는 오르페오를 설득하여 다시 이승의 세계로 데려온다. 모든 줄거리가 간단하게 들린다. 어떻게 보면 실제로 간단한 게 맞다. 오르페오에게 있어서 모든 삶의 비밀은 음악에 있기 때문일 것이다.

근대로 접어들면서 오르페우스를 받아들이는 방향이 여러 갈래로 나뉜다. 주변 환경을 매혹시키는 그의 능력에 대한 상상이 특히 계속되는데 이중 가장 강렬한 작품으로 낭만주의 작가 퍼시 비시 셸리의 《오르페우스》를 들 수 있다.

> 오르페우스의 발치에는 사자가 엄숙하게 엎드려 있었고,
> 사랑에 대해 두려움이 없는 아이들이
> 오르페우스의 은신처로 살금살금 다가왔다.
> 심지어 눈먼 지렁이까지 음악 소리를 느끼는 것 같았다.
> 새들은 조용히 고개를 떨군 채
> 가장 낮은 나뭇가지에 앉아 있었다.
> 나이팅게일조차 음표 하나 방해하지 않고
> 완전히 매혹되어 귀를 기울였다.

오르페우스를 종교적인 신비주의자로 보고 탐구했던 작가들은 독일과 프랑스에 많았는데 괴테를 비롯하여 릴케Rilke와 말라

오딜롱 르동, 〈오르페우스〉, 1903-10년경.

르메Mallarmé 등이 있었다. 미술에서도 오르페우스가 신비로운 존재로 묘사되었으며 오딜롱 르동Odilon Redon이 그린 파스텔 회화가 대표적이다. 시인에 대한 폭력적인 참수는 차분하고 고요한 파랑과 연보라의 조합으로 은근하게 채색되어 있고 그 안에서 리라가 상징적으로 결합되어 있다.

에우리디케의 재발견

모두가 오르페우스를 진지하게 받아들인 것은 아니었다. 독일의 작곡가 자크 오펜바흐Jaques Offenbach의 오페라 〈지옥의 오르페Orpheé aux enfers〉는 1858년 파리에서 초연되었고 상당히 많이 수정된 버전이 1874년 이후로도 수없이 공연되었다.

배경은 테베 근처 시골로, 오르페우스와 에우리디케의 결혼은 큰 곤경에 처해 있다. 바이올린 강사인 오르페우스는 양치는 여자와 바람을 피우고 있고, 에우리디케는 이웃에 사는 양치기인 아리스테스와 사랑에 빠져 있다. 설상가상으로 에우리디케는 오르페우스의 음악을 참을 수 없을 정도로 지겨워한다. 오르페우스와 플루토는 플루토가 에우리디케를 독차지할 수 있도록 그녀를 죽이려고 공모하기에 이르고 결국 에우리디케는 계획대로 독사에 물려 죽고 지하 세계로 내려간다.

오르페우스는 극중에서 '여론'이라 불리는 인물로부터 아내를

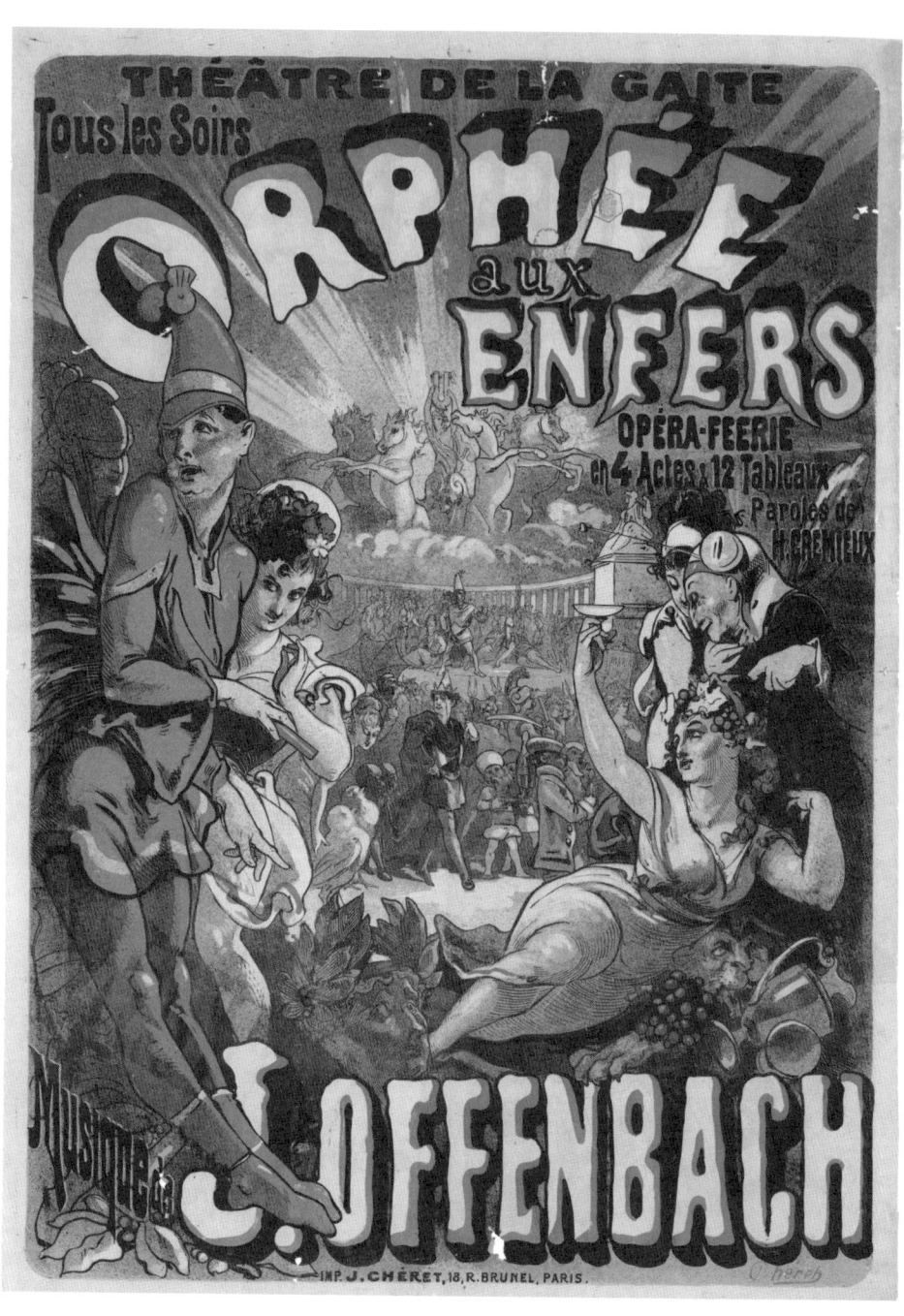

쥘 셰레, 자크 오펜바흐의 오페라 〈지옥의 오르페〉 초연 포스터, 1878년.

구출해 오라는 압박을 받는다. 한편 이 과정에서 플루토는 더 이상 에우리디케를 사랑하지 않게 되고 제우스가 에우리디케를 좋아하게 되면서 모든 신들이 파티를 하려고 하데스에게로 내려온다. 오펜바흐는 오르페우스가 금기를 어기게 된 것이 제우스의 번개라고 설정한다. 마지막 커튼이 닫히기 전에 오르페우스, 플루토, 제우스는 모두 에우리디케에게서 벗어나고 에우리디케는 디오니소스의 여사제가 된다.

고대부터 긴 시간 동안 에우리디케가 오펜바흐의 작품에서처럼 낮은 평가를 받은 경우는 거의 없었다. 그러나 다른 작품에서도 그녀의 역할은 거의 소극적이었으며 오르페우스와의 관계에서도 조용하고 수동적인 파트너로 그려질 뿐 아니라 연쇄적인 스토킹의 피해자이거나 남성의 지배를 받는다. 가끔 남성들 사이의 충돌 때문에 문자 그대로 갈가리 찢기기도 한다.

그러나 마침내 20세기와 21세기의 신화 이야기꾼들, 특히 여성들이 에우리디케에게 공감 가는 목소리를 부여하기 시작한다. 힐다 둘리틀Hilda Doolittle은 1917년에 발표한 〈에우리디케〉라는 시에서 지옥으로 다시 떨어진 아내의 시점으로 생각이 짧은 남편 오르페우스에게 욕을 한다.

>   나를 다시 데려갈 수 있었잖아.
>   나는 지상에서 살아있는 영혼들과 함께 걸을 수 있고,
>   나는 마침내 살아있는 꽃들 사이에서 잠을 청할 수

있었는데

당신의 자만심 때문에

그리고 당신의 무분별함 때문에

나는 죽은 이끼들이 죽은 재를

잿더미 이끼들 위로 뚝뚝 떨어뜨리는 곳으로

다시 떨어졌어….

힐다 둘리틀의 에우리디케는 죽은 존재임에도 불구하고 살아 있는 오르페우스보다 더 열정적이고 더 밝은 인물로 묘사된다.

거의 한 세기가 지난 후 영국의 시인 캐럴 앤 더피Carol Ann Duffy 역시 1999년작 〈에우리디케〉라는 시에서 오랫동안 고통받은 아내의 입을 통하여 우스꽝스럽고 자존심이 뭉개진 오르페우스를 묘사했다. 에우리디케를 진정으로 화나게 한 것은 자신의 시와 음악을 터무니없이 높게 평가하는 오르페우스의 어이없는 자신감이다.

오르페우스는 자신의 시를 떠듬떠듬 떠들었다.

피 한 방울 없는 유령은 눈물을 흘렸다.

시시포스는 수년 만에 처음으로 자신이 굴리던 바위

위에 앉았다.

탄탈로스에게는 몇 잔의 맥주가 허용되었다.

문제의 여자는 자신의 귀를 의심했다.

좋든 싫든, 나는 그를 따라서 지상으로 돌아가야 한다-
오르페우스의 아내, 에우리디케는-
그의 이미지, 은유, 직유, 옥타브, 6행시, 4행시, 2행
연구시,
비가, 5행 희시, 전원시, 역사, 신화 속에 갇힐 것이었다.

더피의 에우리디케는 앞서 가는 오르페우스에게 그가 그토록 듣고 싶어 하는 칭찬을 내뱉었고 큰 기쁨을 느낀 시인은 에우리디케를 보기 위해 뒤를 돌아보았다. 더피의 결론은 치명적일 정도로 정확한 수사학적 문구로 마무리된다.

그가 면도를 하지 않은 것이 보였다.
나는 손을 한 번 흔들고 사라졌다.

20세기 들어 그리스 마초 영웅들로부터 거품을 빼는 페미니스트들의 작업은 비주류에서 주류가 되었다. 더피나 마거릿 애트우드Margaret Atwood와 같은 재능 있는 작가들, 특히 애트우드의 경우 〈오르페우스 1〉〈에우리디케〉〈오르페우스 2〉 등의 시에서 음악을 화려한 글로 표현함으로써 새로운 영역을 개척한다.

더피의 〈에우리디케〉와 정확히 같은 해 발표된 살만 루슈디Salman Rushdie의 《그녀의 발아래 땅The Ground Beneath Her Feet》을 보자. 이 소설은 음악, 사랑, 삶과 죽음 이 주제들에 대하여 예측하지 못

하는 방향으로 이야기를 전개시킨다. 세 명의 주인공은 봄베이의 유서 깊은 가문 출신의 오르무스 카마, 비나 압사라 그리고 봄베이 출신으로 비나의 연인이자 이후 유명한 사진작가가 되는 라이 머천트다.

비나가 조숙한 12살이고 오르무스가 잘생긴 19살이었을 때 둘은 처음 만났다. 이후 그들의 폭발적인 관계는 록음악의 여신인 비나가 멕시코에서 지진으로 사망하기 전까지 그들이 세계적인 슈퍼스타로 변신하는 과정을 따라다닌다. 오르무스는 확실히 오르페우스처럼 그려진다. 그러나 비나가 에우리디케와 명확히 구별되는 것은 그녀의 음악성이다. 그녀의 죽음 이후에 수 많은 비나 모창자들이 나타나는 것은 비나를 지하 세계로부터 귀환시키는 것이라 할 수 있겠다. 이 책의 첫 문장에서 비나가 1989년 2월 14일에 지진으로 사망했음을 공표하는데, 1989년 2월 14일은 루슈디 살해를 명령하는 파트와fatwa(이슬람 법에 따른 결정)가 발효된 날이다. 작가 자신의 지하 세계 이동이 개시된 날이 비나 압사라가 죽은 날짜와 일치한다. 작가의 삶과 작가의 창작 사이의 관계는 이처럼 절대 간단하지 않다.

현대 예술가들의 상상력에 오르페우스와 에우리디케가 미친 영향은 줄어들 기미가 보이지 않는다. 닐 게이먼Neil Gaiman의 《샌드맨The Sandman》 시리즈부터 사이먼 아미티지Simon Armitage의 BBC 라디오 드라마 〈에우리디케와 오르페우스〉까지 다양한 분야에서 이 신화가 활용되고 있다. 21세기에 오르페우스라는 이름은 벨기에의 음악 연구 센터, 미국 조지아주 애틀랜타에 위치한 브루어리, 기후변화를 경고하는 브로드웨이 뮤지컬, 오스트레일리아 록 밴드 앨범명으로 사용되고 있다. 이 모든 것은 신화가 가진 지속적인 힘과 잠재력이 여전히 절대적이라는 사실을 보여준다고 하겠다.

에필로그

신화는 과거와 미래의 끊임없는 소통이다

고대인들의 삶에 뿌리내리고 있었던 신화들을 통해 중요한 의미가 있는 사회적, 개인적 주제들을 탐구할 수 있었다. 그중 내가 강조한 주제들은 가족, 다름의 개념, 기원, 정치, 선택, 인간과 신 사이의 관계다. 가족, 특히 가족의 분열은 오르페우스와 에우리디케, 다이달로스와 이카로스뿐만 아니라 메데이아와 오이디푸스 신화의 중심 주제다. 다름에 대한 관념은 아마조네스 신화를 뒷받침하고 헤라클레스가 처치한 괴물을 통해서 등장하며 우주와 인류의 기원에 대해서는 프로메테우스 신화를 통해 탐구된다. 정치적 주제는 다른 주제보다 덜 다루어지긴 했으나 오이디푸스와 크레온 사이의 상호작용은 고대 그리스 도시 국가의 정치와 삶을 다루고 있다. 파리스의 심판은 선택에 대한 궁극적인 탐구이며 인간과 신 사이의 관계에 있어서는 책에서 소개한 8가지 신화가 모두 해당된다.

오늘날 그리스·로마 신화를 수용하는 개인은 더 이상 고등 교육을 받은 배타적인 집단에 속해 있는 것이 아니다. 신화를 영화로 각색한 작품을 관람한 전 세계의 대중인 것이다.

고대 신화들이 새롭게 표현되며 계속 그 폭이 넓어지고 있다는 사실은 매우 기뻐할 일이다. 다만 신화가 가지는 고대의 문맥과 의미에 대한 연구가 수반되어야 참된 의미가 있다. 버코프뿐만 아니라 소포클레스, 루슈디뿐만 아니라 베르길리우스, 파올로치의 콜라주뿐만 아니라 폼페이의 벽화, 매과이어의 석판화뿐만 아니라 올림피아의 메토프에 대해서도 계속 논의되어야 한다.

현대인에게는 신화가 매력적이고 영감을 주기도 하지만 반대로 불쾌하거나 충격적이거나 심지어 혐오스러울 때도 있을 것이다. 이념은 변하기 마련이고 이와 함께 젠더 감수성과 정치적 가치, 환경과 인간 관계에 대한 개념도 변한다. 모든 신화가 현대인들이 선호하는 가치와 일치하는 교훈을 주는 것은 아니다.

그리스·로마 신화라는 최고의 이야기는 느끼고 생각하고 질문하도록 우리를 도발하고 우리 마음을 흔드는 독특한 힘이 있다. 이 이야기들은 우리가 생각하는 방식을 형성해왔고 앞으로도 형성해갈 것이다.

옮긴이 **배다인**

서울대학교를 졸업하고 미국 캘리포니아주 변호사 자격증을 취득하였으며 현재 변호사로 일하고 있다. 어릴 적부터 책 읽기를 사랑하는 독자였기에 독자 입장의 번역, 저자의 뜻을 자연스럽고 편안하게 전달하는 번역을 추구한다.

세상은 신화로 만들어졌다

초판 1쇄 발행 · 2024년 11월 27일
초판 2쇄 발행 · 2025년 2월 5일

지은이 · 리처드 벅스턴
옮긴이 · 배다인
발행인 · 이종원
발행처 · (주) 도서출판 길벗
브랜드 · 더퀘스트
주소 · 서울시 마포구 월드컵로 10길 56 (서교동)
대표 전화 · 02) 332–0931 | **팩스** · 02) 323–0586
출판사 등록일 · 1990년 12월 24일
홈페이지 · www.gilbut.co.kr | **이메일** · gilbut@gilbut.co.kr

책임 편집 · 허윤정(rosebud@gilbut.co.kr) | **제작** · 이준호, 손일순, 이진혁
마케팅 · 정경원, 김선영, 정지연, 이지원, 이지현 | **유통혁신** · 한준희
영업관리 · 김명자, 심선숙 | **독자지원** · 윤정아

디자인 및 전산편집 · STUDIO BEAR
CTP 출력, 인쇄 · 정민 | **제본** · 정민

ISBN 979-11-407-1171-0 03210
(길벗도서번호 040208)
정가 19,500원

- 더퀘스트는 길벗출판사의 인문교양&비즈니스 단행본 출판 브랜드입니다.
- 이 책은 저작권법에 따라 보호받는 저작물이므로 무단전재와 무단복제를 금합니다. 이 책의 전부 또는 일부를 이용하려면 반드시 사전에 저작권자와 (주)도서출판 길벗(더퀘스트)의 서면 동의를 받아야 합니다.
- 잘못 만든 책은 구입한 서점에서 바꿔 드립니다.

인스타그램 www.instagram.com/thequest_book
페이스북 www.facebook.com/thequestzigy
네이버 포스트 post.naver.com/thequestbook